ASTRID NESTLER

dogsExperten

Welche Hunderasse passt zu mir?

ASTRID NESTLER

dogsExperten

Welche Hunderasse passt zu mir?

Der perfekte Partner auf 4 Pfoten

WELCHER HUND PASST ZU MIR? | 9
- Die richtige »Partnerwahl« | 9
- Das Wesen des Hundes | 14
- Unterschiedliche Hundetypen | 18
- Experten-Interview: Was ist das Besondere an Arbeitshunden? | 24
- Was für ein Hundehaltertyp sind Sie? | 28
- Welche Rasse soll es sein? | 30
- Experten-Interview: Wie berechenbar ist der Charakter von Mischlingen? | 32
- Symbole, die weiterhelfen | 36

Die beliebtesten kleinen Hunderassen

- Papillon | 42
- Chihuahua | 44
- Halter-Interview: Wie lebt es sich mit einem Chihuahua? | 46
- Yorkshire Terrier | 48
- Pekinese | 50
- Shih Tzu | 51
- Bichon Frisé | 52
- Mops | 54
- Halter-Interview: Wie lebt es sich mit einem Mops? | 56
- Französische Bulldogge | 58
- Boston Terrier | 60
- Dackel | 62
- Malteser | 64
- West Highland White Terrier | 65
- Cavalier King Charles Spaniel | 66
- Tibet Terrier | 68
- Cairn Terrier | 70
- Zwergpinscher | 72
- Foxterrier | 73
- Parson Jack Russel und Jack Russel | 74
- Halter-Interview: Wie lebt es sich mit einem Jack Russel? | 76
- Shiba Inu | 78

Die beliebtesten mittelgroßen Hunderassen

- Deutscher Spitz | 82
- Kooikerhondje | 84
- Englischer Cocker Spaniel | 86
- Halter-Interview: Wie lebt es sich mit einem Cocker Spaniel? | 88
- Bayerischer Gebirgsschweißhund | 90

- Kleiner Münsterländer | 91
- Kromfohrländer | 92
- Beagle | 94
- Basset Hound | 96
- Podenco | 97
- Halter-Interview: Wie lebt es sich mit einem Podenco? | 98
- Whippet | 100
- Collie | 102
- Australian Shepherd | 104
- Border Collie | 106
- Halter-Interview: Wie lebt es sich mit einem Border Collie? | 108
- Bearded Collie | 110
- Pudel | 112
- Entlebucher Sennenhund | 114
- Irish Setter und English Setter | 116
- Designerdogs: Goldendoodle | 118
- Labrador Retriever | 120
- Golden Retriever | 122

Die beliebtesten großen Hunderassen

- Deutscher Schäferhund | 126
- Halter-Interview: Wie lebt es sich mit einem Schäferhund? | 128
- Dalmatiner | 130
- Dobermann | 132
- Magyar Vizsla | 134
- Hovawart | 136
- Halter-Interview: Wie lebt es sich mit einem Hovawart? | 138
- Chow Chow | 140
- Briard | 141
- Riesenschnauzer | 142
- Deutscher Boxer | 144
- Rhodesian Ridgeback | 146
- Weimaraner | 148
- Halter-Interview: Wie lebt es sich mit einem Weimaraner? | 150
- Siberian Husky | 152
- Rottweiler | 154
- Berner Sennenhund | 156
- Bernhardiner | 158
- Samojede | 159
- Kuvasz | 160
- Leonberger | 161
- Neufundländer | 162
- Deutsche Dogge | 164

Von Menschen und Hunden

WAS HUNDE ALLES KÖNNEN 169

- Das Big-Five-Modell | 170
- Experten-Interview: Gibt es auch verschiedene Typen bei Wolfswelpen? | 174
- Test: Wie finde ich den richtigen Welpen für mich? | 176
- Hunde und Kinder | 180
- Was Hundeeltern wissen müssen | 184

SERVICE

- Sachregister | 188
- Bücher und Adressen | 190
- Impressum | 192

Der perfekte Partner auf 4 Pfoten

Wie soll Ihr Hund sein? Neugierig und lebhaft oder zurückhaltend und sanft? Verschmust oder sportlich? Persönlichkeit hängt nicht nur von der Rasse ab.

WELCHER HUND
PASST ZU MIR?

Groß, mittel oder klein? Schäferhund oder Chihuahua? Dackel, Dogge oder Spitz? Rund 340 Züchtungen, die sich in Aussehen und Charakter oft erheblich unterscheiden, machen die Wahl zur Qual. Der größte Vorteil eines Rassehundes gegenüber einem Mischling ist, dass man in etwa vorhersagen kann, welche Eigenschaften das neue Familienmitglied mitbringt. Denn entscheidend für ein entspanntes Zusammenleben ist, dass die eigene Persönlichkeit mit der des Hundes gut harmoniert.

Der Londoner Kulturwissenschaftler Steven Connor ist überzeugt, dass sich in den Dingen, die uns wichtig erscheinen und mit denen wir uns gerne umgeben, unser Wesen offenbart. Ganz genauso soll auch ein Haustier den persönlichen Charakter seines Besitzers hervorheben oder harmonisch ergänzen. Hunde machen da keine Ausnahme: Wer einen Mops sein Eigen nennt, wirkt auf seine Mitmenschen anders als der Halter eines Retrievers oder eines Dobermanns. Denn man verbindet mit jeder Hunderasse bestimmte Eigenschaften. Und so wirken wir, je nachdem, wer uns am anderen Ende der Leine begleitet, auf unser Umfeld zumindest auf den ersten Blick eher sportlich, gesetzt, lässig oder verspielt.

DIE RICHTIGE »PARTNERWAHL«

Die meisten Menschen vertrauen bei der Wahl eines Hundes auf ihr Bauchgefühl und liegen dabei gar nicht mal so falsch. Sie entscheiden sich unbewusst für ein Tier, das ihren eigenen inneren oder äußeren Eigenschaften gleicht. Wer zum Beispiel viel Wert auf exklusive Kleidung legt, der will fast immer auch, dass sein Hund gepflegt und elegant erscheint. Wem das Äußere weniger wichtig ist, den stört auch ein zerzaustes Fell nicht. »Der Mensch sucht nach einem Lebewesen, das ihn widerspiegelt«, fanden die Psychologen Nicholas Christenfeld und Michael Roy von der University of California in San Diego heraus. Für ein

DER PERFEKTE PARTNER AUF VIER PFOTEN

Forschungsprojekt zeigten die beiden ihren Studenten jeweils drei Fotografien von Hundebesitzern, deren tatsächlichen und fremden Hunden; die Studenten sollten nun die Mensch-Hund-Paare identifizieren. Sie schafften es in 64 Prozent der Fälle. Wider Erwarten fanden Christenfeld und Roy dagegen keine Belege dafür, dass sich Hund und Herrchen im Laufe ihres Zusammenlebens immer ähnlicher werden. Angehende Hundebesitzer wählen demnach scheinbar von vornherein solche Tiere aus, die ihnen am ehesten entsprechen. Welche Art von Übereinstimmung dabei den Ausschlag gibt, ob Aussehen oder Charakter eine größere Rolle spielen, ließen die Wissenschaftler allerdings offen. Ganz offensichtliche Merkmale wie Haarwuchs oder Körpergröße sind es jedenfalls nicht, eher ein ähnlicher Gesichtsausdruck oder ein gleichartiges Temperament. Und noch etwas entdeckten die Forscher: Nur bei reinrassigen Hunden lässt sich eine Ähnlichkeit mit ihren Besitzern nachweisen. Vermutlich liegt dies daran, dass sich ihre Eigenschaften besser vorhersagen lassen, was dem Halter die Entscheidung erleichtert.

Gleich und Gleich gesellt sich gern

Die Optik allein ist jedoch noch keine Garantie dafür, dass das Zusammenleben gut klappt. Denn es stimmt zwar, dass Hunde die einzigen Freunde sind, die man sich kaufen kann. Trotzdem wird nicht jeder Hund, den man sich kauft, zwangsläufig auch zu einem Freund. Dazu gehört mehr: Ein selbstbewusster Draufgänger braucht einen Menschen, der ihm die Stirn bieten kann. Ein starker Hund macht uns nicht stärker, sondern

Rennen, toben und sich gemeinsam auspowern macht Hunde glücklich.

Die richtige »Partnerwahl«

braucht von Anfang an einen sicheren, gefestigten Menschen an seiner Seite. Die »Paarung« muss stimmen, sonst kann der Traumhund schnell zum Albtraum werden, das bestätigen auch Forschungen aus Deutschland. »Wir haben feststellen können, dass die Beziehung zwischen Mensch und Hund umso besser funktioniert, je größer die Übereinstimmung der jeweiligen Bedürfnisse, Interessen und Charakteristika ist«, erklärt Sozialpsychologin Silke Wechsung, die in einer Studie die Beziehung zwischen Menschen und Hunden untersucht hat (→ Seite 28).

Wenn unterschiedliche Interessen aufeinanderprallen

Probleme gibt es hauptsächlich dann, wenn die Eigenschaften der favorisierten Rasse im krassen Gegensatz zu den eigenen Vorstellungen und Fähigkeiten stehen. Das passiert vor allem, sobald allein äußerliche Merkmale bei der Auswahl des Vierbeiners eine Rolle spielen. Da verliebt sich zum Beispiel der athletische Jogger in den melancholischen Blick eines Basset Hounds, der schüchterne Einzelgänger in einen umtriebigen Foxterrier oder der Kontrollfreak in einen unabhängigen Freigeist wie den Chow Chow. Und damit sind Konflikte vorprogrammiert. Es kann schließlich nicht gut gehen, wenn der eine Nähe sucht und am liebsten auf dem Sofa kuschelt, der andere aber gerne rauft und ohne Zögern sein Leben in Dachsbauten riskiert. Weil Hunde nun mal so sind, wie sie sind, hätte eine solche Verbindung nur dann Aussicht auf Erfolg, wenn der Mensch sich änderte. Doch dazu ist nicht jeder bereit, ganz abgesehen davon, dass solche Veränderungen viel Zeit brauchen.

Auch wenn sie schön aussehen, Hunde sind keine Accessoires.

Wären Sie ein guter Hundehalter?

Besser und verantwortungsvoller bei der Auswahl des passenden Hundes ist also der ehrliche, unverstellte Blick in den Spiegel: Fragen Sie sich »Wer bin ich?« und nicht »Wer möchte ich sein?«. Die folgenden Fragen sollen Ihnen helfen, die eigenen Wünsche und Bedürfnisse besser beurteilen zu können:

- Welche Funktion soll mein Hund haben? Welche meiner Eigenschaften sollen sich in ihm widerspiegeln? Oder suche ich einen Hund, der das »mitbringt«, was ich selbst nicht oder zu wenig habe?
- Eigne ich mich überhaupt dazu, mit einem Hund zu leben? Wer einen Hund hält, ist nicht mehr ungebunden; bin ich bereit, diese Abhängigkeit in Kauf zu nehmen? Weiß ich ungefähr, wie die nächsten zehn Jahre verlaufen werden?

DER PERFEKTE PARTNER AUF VIER PFOTEN

»Der Hund ist zwar ein Produkt künstlicher Auslese, aber deshalb noch lange kein beliebig zu manipulierendes Kunstprodukt.«

Eric Zimen

Wo Sie auch sind: Ihr Hund wird auf Sie warten.

- Kann ich in den nächsten Jahren jeden Tag mindestens zwei Stunden Zeit für einen Hund erübrigen?
- Habe ich in den nächsten Monaten, in denen der Hund sich eingewöhnen und erzogen werden muss, viel Zeit übrig? Kann ich eine Zeit lang darauf verzichten, ins Kino, ins Theater, ins Schwimmbad oder auf Partys zu gehen?
- Wie lange wäre der Hund täglich alleine?
- Wäre ich bereit, mich beraten zu lassen und mir einen Trainer zu suchen, falls es Probleme geben sollte?

Warum überhaupt ein Hund?

Ein Hund lebt mit uns, nicht neben uns. Er braucht Zuwendung, Nähe und mitunter auch ein konsequentes »Nein«. Kurzum: Ein Hund ist anstrengend und beansprucht viel Zeit, Kraft und Liebe. Die Partnerschaft mit diesem intelligenten, hoch sozialen Lebewesen macht fast so viel Mühe wie die Erziehung eines Kleinkindes. Gleichzeitig, und das darf man nicht vergessen, bleibt der Hund aber immer Hund; er ist ein soziales Raubtier, instinktgebunden wie sein Stammvater, der Wolf.

Warum also ein Hund? Ganz einfach: Hunde lehren uns, die Gegenwart zu genießen. Schließlich gibt es für sie nur das Jetzt. Wenn ein Hund frisst, frisst er, wenn er ruht, ruht er, wenn er jagt, jagt er. Er grübelt weder über die Vergangenheit, noch macht er sich Sorgen um die Zukunft. Unsere moderne Lebensweise dagegen bringt es mit sich, dass wir in Gedanken ständig woanders sind als dort, wo wir uns im Moment befinden. Dabei

Die richtige »Partnerwahl«

findet das wirkliche Leben nur in diesem Schnittpunkt zwischen Vergangenheit und Zukunft statt. Und genau dorthin bringt uns der Hund immer wieder.

Zeit zum Leben

Ein Hund ist ein Stück Wildnis im Wohnzimmer, ein Bindeglied zur Natur und damit letztendlich zu uns selbst. Ein Hund will raus. Er will die Welt so erfahren, wie sie ist: sinnlich. Er will sie riechen, in der Erde graben und sich im Gras wälzen. In 20 Minuten am Computer haben wir oft gerade einmal das benötigte Programm gefunden und ein Update installiert, um eine Datei zu öffnen. Während eines 20-minütigen Spaziergangs im Park dagegen nehmen wir eine Lichtdusche und pumpen Unmengen Sauerstoff in unseren Körper. Der Melatoninspiegel sinkt, und das Gehirn schüttet vermehrt körpereigene »Glückshormone« aus. Beides wirkt sich enorm auf das Wohlbefinden aus. Abgesehen davon beugt regelmäßige Bewegung Thrombosen, Herzinfarkt und Übergewicht vor.

Doch Gassigehen ist nicht nur körperliches Training, es tut auch der Seele gut, hilft gegen Einsamkeit und Depressionen und kann sogar Entfremdung überbrücken. Denn mit einem Hund an der Leine ist es viel leichter, Kontakt zu anderen Menschen zu knüpfen. Ein Hund ist »Stresstherapie«, bringt Struktur und Rituale ins Leben zurück, und man kann von ihm lernen, selbst über Kleinigkeiten zu staunen und sich darüber zu freuen.

Viele Menschen haben den Kontakt zur Natur längst verloren. Hunde bringen sie uns wieder näher.

DAS WESEN DES HUNDES

Natürlich hat jede Hunderasse ihre Eigenheiten und speziellen Anlagen. Ein Dackel bekommt nicht plötzlich lange Beine, und ein Boxer ist und bleibt nun mal ein lebhaftes Tier. Doch so groß die Rasseunterschiede auch sein mögen, wir haben es immer auch mit den Vertretern ein und derselben Art zu tun. Das bedeutet: Obwohl kein Hund wie der andere ist, verhält er sich immer wie ein Hund. Er handelt nach der ihm eigenen Logik, die sich nicht mit der von Pferden, Hühnern oder Menschen vergleichen lässt. Egal wie er daherkommt, ob im »Kostüm« eines Retrievers oder eines Schnauzers: Der Hund zeigt in all seinen Ausformungen rasseübergreifende Eigenschaften, die den größten Teil seines Verhaltens ausmachen. Das bedeutet, dass in wesentlichen Punkten alle Hunde gleich sind. Ausnahmslos jeder Hund, vom winzigen Chihuahua bis zur riesigen Deutschen Dogge, braucht Zuneigung, Beschäftigung und Führung, also jemanden, der ihm zuverlässig sagt, wo es langgeht. Diese drei Grundbedürfnisse sind die Basis einer gelungenen Mensch-Hund-Beziehung; um sie kommt keiner herum. Sie müssen bei jedem Hund »bedient« werden, damit er sein seelisches Gleichgewicht findet.

Genug Zeit füreinander

Ganz praktisch bedeutet das, dass Sie täglich nicht nur ein bis zwei Stunden miteinander spazieren gehen, sondern auch noch ausreichend Zeit für gemeinsames Spielen, Beschäftigung und Pflege einplanen müssen. Bekommt Ihr Vierbeiner zu wenig Bewegung und

Spielend lernen Hunde sich verstehen.

Das Wesen des Hundes

Hunde brauchen Sicherheit: Sie wollen sich auf den Menschen verlassen.

wird er geistig zu wenig gefordert, sind Verhaltensauffälligkeiten ebenso vorprogrammiert wie bei Hunden, die keine Regeln und Grenzen kennen. Zwar bekommt ein Familienhund heutzutage eher selten zu wenig Zuwendung – zumindest solange noch kleinere Kinder im Haushalt leben und ein Elternteil viel Zeit zu Hause verbringt. Kommen die Kinder jedoch in die Pubertät und arbeiten beide Eltern wieder Vollzeit, ist der Leidtragende oft der Hund, für den sich dann niemand mehr interessiert. Bedenken Sie also beim Hundekauf unbedingt, dass die meisten Vierbeiner auch dann noch da sind, wenn die Kinder längst flügge geworden sind.

Richtig kommunizieren

In guten Beziehungen sind Geben und Nehmen im Gleichgewicht, man vertraut und respektiert sich gegenseitig. Man könnte auch sagen, die Waage aus Respekt und Interesse muss ausbalanciert sein. Vonseiten des Hundes erwarten wir dabei Kooperationsbereitschaft, Aufmerksamkeit, Arbeitsfreude, Lerneifer und den Willen, sich in unsere bestehende Familienstruktur einzuordnen.

Damit ein Hund sich unserer Führung anvertraut, brauchen wir jedoch bestimmte Fähigkeiten. Die Wichtigste ist die zur Kommunikation. Denn viele Hunde, die sich durchaus bemühen, es ihrem Menschen recht zu machen, verstehen einfach nicht, was von ihnen erwartet wird. Das Problem: Hunde achten bei ihren Sozialpartnern – egal ob Artgenosse oder Mensch – vor allem auf die Körpersprache; sie ist sozusagen die »Muttersprache« unserer Vierbeiner. Doch der Mensch drückt mit seinem Körper, wenn auch oft unbewusst, etwas ganz anderes aus, als er mit Worten spricht.

Reden Hund und Mensch dauerhaft aneinander vorbei, fühlt sich der Vierbeiner unverstanden, gibt auf und resigniert. Er würde zwar gerne kooperieren, kann es aber nicht, weil er nichts begreift. Das Ganze geht natürlich auch am Verhalten nicht spurlos vorüber: Versteht der Hund nicht, was wir von ihm wollen, geht er seinen eigenen Interessen nach. Schließlich fehlt der Partner, der sich verständlich machen und Ziele klar definieren kann.

Signale richtig deuten

Genauso missverstehen viele Menschen ihren Hund, weil sie seine Körpersprache nicht gut genug kennen oder ihr zu wenig Bedeutung schenken. Sie deuten seine Signale falsch und verhalten sich daher im Gegenzug verständlicherweise wiederum selbst nicht angemessen.

Um dies zu vermeiden, muss der Mensch lernen, die Signale seines Vierbeiners richtig aufzufassen und adäquat darauf zu reagieren. Und auch dies nützt nur, wenn es im richtigen Augenblick geschieht. Sie müssen deshalb einschätzen können, was in einer bestimmten Situation möglich ist und was nicht. Wenn Ihr Hund zum Beispiel Angst vor Motorrädern hat, ist es schon ein toller Erfolg, wenn er, ohne davonzulaufen oder zu bellen, an einem solchen Gefährt vorbeigehen kann. Er muss nicht auch noch daneben »Sitz« oder »Platz« machen.

In einer kurzen »Formel« zusammengefasst, heißt das: Es geht um eindeutige Körpersprache, das richtige Timing und das nötige Maß an Empathie, also Mitgefühl. Vertraut der Hund uns im Zusammensein, ist er aufmerksam und fühlt sich sicher, haben wir alles richtig gemacht.

Hunde beobachten uns ganz genau und können jede noch so kleine Geste deuten.

Grenzen setzen

Es gibt Hunde, die verstehen durchaus, was von ihnen erwartet wird. Sie scheren sich aber nicht besonders darum, weil der Mensch es bisher versäumt hat, den nötigen Respekt einzufordern. Ähnlich wie Schulkinder, die herumtoben, anstatt stillzusitzen und zuzuhören, verfolgen diese Vierbeiner ihre eigenen Ziele – weil man sie lässt und niemand sie einschränkt.

In einem solchen Fall ist es nötig, dass der Mensch lernt, dem Hund angemessen Grenzen zu setzen und ihm zu erklären, was er von ihm erwartet: Aufmerksamkeit, Gesprächs- und Kooperationsbereitschaft. Man könnte es auch ganz schlicht Höflichkeitsregeln für den gemeinsamen Alltag nennen. Doch um an diesen Punkt zu gelangen, sind neben Durchsetzungsfähigkeit und Beharrlichkeit vor allem Ruhe und ein gehöriges Maß an Geduld erforderlich.

So viel Lebensfreude ist einfach ansteckend.

Sind Sie ein guter »Rudelführer«?

Um den Ansprüchen an eine »Führungspersönlichkeit« gerecht zu werden, hilft es, sich vorab selbstkritisch folgende Fragen zu stellen:
- Welche Fähigkeiten brauche ich, um einem Hund Vertrauen und Sicherheit zu vermitteln?
- Bin ich bereit, Entscheidungen für meinen Hund zu treffen, etwas vorzugeben und die Führung zu übernehmen?
- Bin ich bereit zu lernen, mich so auszudrücken, dass mein Hund mich versteht?
- Fällt es mir leicht, konsequent zu sein, Grenzen zu setzen und den nötigen Respekt einzufordern?
- Kann ich mich in meinen Hund einfühlen, Nähe zeigen und meine Zuneigung ausdrücken?
- Wie wichtig ist mir persönlich Gehorsam?
- Welche Art Erzieher bin ich: Tendiere ich eher zum »Laissez-faire-Stil«, oder bin ich eher streng? Gebe ich lieber etwas vor, oder beobachte ich lieber? Schaffe ich lieber Freiräume, oder setze ich eher Grenzen?
- Fällt es mir leicht, mich mit meinem Körper und meiner Mimik auszudrücken anstatt mit Worten?
- Muss ich mich überwinden, auch einmal aus mir herauszugehen und meine Gefühle zu zeigen?

Die Selbstreflexion hilft Ihnen übrigens auch dann weiter, wenn später einmal Probleme mit dem Hund auftreten sollten.

UNTERSCHIEDLICHE HUNDETYPEN

Die Rasse, der ein Hund angehört, ist, bildlich gesprochen, wie ein Mantel, den er trägt. Sie bestimmt das Aussehen, die besonderen Talente und bis zu einem gewissen Maß auch das Temperament des Tieres. Entgegen der landläufigen Meinung gibt sie nicht in erster Linie an, wie lange man sich täglich mit dem Hund befassen muss, sondern vor allem, wie. Der Unterschied in der Haltung eines Australian Shepherd oder der eines Berner Sennenhunds ist nicht, wie lang Sie sich mit ihm beschäftigen sollten, sondern auf welche Art und Weise.
Es gibt rassetypische Talente, wie Stöbern, Apportieren oder Lastenziehen, die sich ohne Weiteres fördern lassen, und andere, die nur schwer in den Familienalltag zu integrieren sind. Zu diesen zählen meistens ein ausgeprägter Hütetrieb, eine Jagdpassion und ein territorialer, schützender und bewachender Instinkt. Als »Familienhund« eignen sich besser jene Rassen, die im Vergleich zu anderen eher »distanzlos« sind, also kein Problem mit Nähe haben und bei einer unerwarteten Umarmung nicht gleich in Panik geraten. Beagle, Labrador und Golden Retriever beispielsweise kuscheln tendenziell lieber als Schweißhund, Windspiel, Border Collie oder Briard, die eher Wert auf eine größere Individualdistanz legen – zumindest bei fremden Kindern und Besuchern. Wer also einen geselligen Hund möchte, der nichts gegen Körperkontakt hat, sollte das Thema »Individualdistanz« bei seiner Wunschrasse näher betrachten und auch bei der Auswahl des Welpen oder Tierheimhundes testen.
Bevor Sie sich also genauer mit einzelnen Rassen beschäftigen, lohnt daher ein

Treibhunde wie der Entlebucher Sennenhund wollen ausreichend beschäftigt werden.

Unterschiedliche Hundetypen

Gemeinsame Interessen und Ziele schweißen Mensch und Hund zusammen.

Blick auf die verschiedenen Hundetypen, um sich schon einmal einen groben Überblick zu verschaffen.

Hütehunde

Rassen wie der Border Collie, Australian Shepherd und Altdeutsche Schäferhund sind zwar sehr führig, bringen aber auch eine hohe Leistungsbereitschaft mit. Die Beschäftigung mit diesen Hunden macht Spaß, wird aber schnell zum Vollzeithobby. Einige Rassen sind zudem nervös und geräuschempfindlich. In einem turbulenten Kinderhaushalt kommen sie nicht zur Ruhe, können sich wenig entspannen und werden leicht zum Problemhund. Die schnellen Hütehunde sind daher eher etwas für unabhängige Menschen sowie für Familien, die ihre Wochenenden gern auf Turnierplätzen beim Agility verbringen.

Herdenschutzhunde

Kangal, Kuvasz oder Owtscharka haben wie alle Herdenschutzhunde eine archaische Ausstrahlung und außergewöhnlich viel Kraft. Ihre prägnantesten Eigenschaften sind, Wache zu halten und ihren Menschen sowie sein Hab und Gut zu beschützen. Darüber hinaus sind sie die personifizierte Unabhängigkeit und Selbstständigkeit auf vier Pfoten – und eher etwas für Spezialisten. Sie tendieren dazu, dem Hausherrn die Entscheidung abzunehmen, ob Besuch erwünscht ist oder nicht. Wer einen Owtscharka hat, braucht zwar nachts nicht die Tür abzuschließen, kann aber Probleme bekommen, wenn fremde Kinder tagsüber ein und aus gehen möchten. Denn diese Hunde rechnen immer damit, dass ihre Familie überfallen werden könnte.

Treibhunde

Treibhunde wie Cattle Dog, Corgi oder Entlebucher Sennenhund sind ziemlich harte Kerle und von Natur aus eher kämpferisch. Kein Wunder: Wer in seinem angestammten Leben Rinder treibt, muss richtig zupacken können und darf nicht zimperlich sein. In einem Haushalt mit vier Söhnen spielt so ein Hund den ganzen Tag mit Fußball und nimmt auch einen harten Treffer nicht krumm.
Auch wenn Hüte- und Treibhunde beide an der Herde arbeiten, unterscheiden sie sich im Charakter doch deutlich: Ein Cattle Dog ist zwar weniger sensibel, aber auch weitaus weniger devot und bereit, sich unterzuordnen, als ein Border Collie. Und: Er muss fast ebenso anspruchsvoll beschäftigt werden. Fremden gegenüber sind Treibhunde eher misstrauisch.

Terrier

Ob Foxterrier, Irish Terrier oder Jack Russel: Sie taugen allesamt nicht zum Sofahelden. Schießlich wurden diese ungeheuer aktiven, unerschrockenen Tiere dafür gezüchtet, sich nichts gefallen zu lassen. Wohl kaum ein anderer Hund steckt seinen Kopf freiwillig in einen Dachsbau! Jack Russel sind zudem leidenschaftliche Kläffer, und sie verwandeln den eigenen Garten gern in eine Mondlandschaft. Auf diese Weise haben sie schon manchen ahnungslosen Ersthundebesitzer zur Verzweiflung getrieben. Die Größe allein sagt nämlich gar nichts über die Familientauglichkeit aus. Eine gute Grunderziehung und eiserne Konsequenz sind bei diesen Rassen Pflicht, wenn Sie nicht die nächsten Jahre nach der Pfeife Ihres Hundes tanzen möchten.

Schweißhunde wie der Bayerische Gebirgsschweißhund haben einen ausgeprägten Jagdtrieb.

Stöber- und Apportierhunde

Rassen wie Spaniel, Retriever oder Pudel lassen sich im Allgemeinen einfacher in den Alltag einer Menschenfamilie integrieren als die unabhängigeren Treibhunde oder Terrier. Wo Letzterer sagt: »Nee, du, lass mal. Das regle ich lieber allein«, zeigen sich Stöberhunde kooperationsbereit. Spricht man sie an, lautet ihre Grundhaltung: »Was kann ich für dich tun?« Sie haben ein weiches, freundliches Wesen, kommunizieren gern und lassen sich durch Apportier- und Suchspiele (auch gemeinsam mit Kindern) anspruchsvoll, aber ohne großen Aufwand beschäftigen.

Vorstehhunde

Pointer, Setter, Magyar Vizsla oder Münsterländer zeichnen sich wie fast alle Vorstehhunde gegenüber dem Menschen durch ein sehr sanftes Wesen aus. Ihre Aufgabe ist es, Haar- oder Federwild aufzuspüren und dem Jäger durch »Vorstehen« (gern mit erhobener Vorderpfote) anzuzeigen. Durch ihre Sanftmut und ihre Bereitschaft zur Zusammenarbeit sind diese Hunde meist leicht zu erziehen und passen sich gut in die Familie ein. Naturgemäß sind sie jedoch auch leidenschaftliche Jäger, brauchen viel Bewegung und kreisen beim Spaziergang gerne weiträumig um ihren Besitzer, was es noch schwerer macht, sie zu kontrollieren. Sie brauchen eine konsequente, aber wenig druckvolle Erziehung – ein Spagat, der nicht einfach zu bewältigen ist. Mit Apportieraufgaben und Dummyarbeit können diese Hunde nur ansatzweise typgerecht ausgelastet werden, einen vollwertigen Jagdersatz bieten sie ihnen nicht.

Möpse lieben vor allem eins: Fressen.

Lauf- und Schweißhunde

Hunde wie der Beagle, Basset Hound oder Bayerische Gebirgsschweißhund sind sensibel und freundlich, aber absolut geruchsgesteuert. Gassigehen ohne Leine ist nur selten möglich, denn in einer heißen Spur verlieren sie sich völlig und sind dann erst einmal weg.

Lauf- und Schweißhunde müssen auf ihre spezielle, für Menschen zuweilen gewöhnungsbedürftige Art beschäftigt werden. Sie können zum Beispiel einen Fischkopf ein paar Wochen lang in einem Wasserkanister ziehen lassen und dann aus dem Sud eine Tröpfchenspur legen. Oder Sie ziehen ein Stück Fleisch an einer Schnur am Fahrrad hinterher und lassen Ihren Hund die Fährte verfolgen. Wer an solchen Hobbys keine Freude hat, sollte sich für eine andere Rasse entscheiden.

DER PERFEKTE PARTNER AUF VIER PFOTEN

Wach- und Hofhunde

Wach- und Hofhunde wie beispielsweise
Spitz, Hovawart oder Schnauzer haben
eine klare Haltung gegenüber Freund und
Feind. Schließlich war es lange Zeit ihre
Aufgabe, zwischen beiden zu unterscheiden. Sie brauchen daher eine eindeutige
Ansage, wann sie sich zurückzuziehen
haben. Ein Vorteil dieser Hunde: Sie
haben wenig Tendenz zum Streunen,
insbesondere der Spitz ist ausgesprochen standorttreu. Er hat zudem kein
übermäßiges Laufbedürfnis und einen
geringen Jagdtrieb, was Spaziergänge
mit ihm quasi zum Kinderspiel macht.
Andere Vertreter des Wachhundtyps wie
Hovawart oder Riesenschnauzer sind
anspruchsvoller. Sie gehören zu den anerkannten Diensthunderassen, haben einen
ausgeprägten Schutztrieb und sind daher
weniger gut für Hunde-Neulinge geeignet.
Wird er sorgfältig sozialisiert, ausgebildet
und beschäftigt, macht jedoch auch ein
Hund wie der Riesenschnauzer eine gute
Figur als Familienhund.

Windhunde

Greyhound, Afghane oder Saluki sind hoch-
gradig spezialisierte Sichtjäger. Deshalb
gehen sie zwar vorwiegend an der Leine
spazieren, das aber mehrere Stunden
täglich. Ab und zu muss man sie jedoch
unbedingt auch rennen lassen.
Windhunde haben ein beinahe katzen-
haftes Wesen, sind sensibel, eigenwillig,
sehr verschmust und anlehnungsbedürf-
tig. In einem turbulenten Haushalt mit
mehreren Kindern fühlen sie sich schnell
überfordert. Sie sind daher eher etwas für
Singles oder Paare.

Nordische Hunde

Alaskan Malamute, Siberian Husky und
Shiba Inu erinnern wie alle nordischen
Rassen nicht nur optisch noch stark
an den Urvater aller Hunde, den Wolf:
Sie sind auch in ihrem Wesen sehr ur-
sprünglich geblieben. Ihre wildtierhafte
Intelligenz kann die Erziehung recht
schwierig gestalten – ein »bei Fuß«
kommt in der freien Natur eben nicht vor.
Hinzu kommt ein ausgeprägter Jagdtrieb,
der sich auch mit Würstchen und anderen
Leckerli nicht umlenken lässt. Dafür sind
alle nordischen Hunde ausgesprochene
Arbeitstiere, robust und ausdauernd.

Gesellschafts- und Begleithunde

Zu dieser Kategorie zählen so unterschiedliche Rassen wie Boston Terrier,
Kromfohrländer oder Leonberger. Sie wurden entweder noch nie oder schon sehr
lange nicht mehr für bestimmte Aufgaben
gezüchtet und sind daher nicht so hoch
spezialisiert wie die »Mitglieder« anderer
Gruppen. Dies ist grundsätzlich eine gute
Voraussetzung für einen Familienhund.
Gesellschafts- und Begleithunde sind
weniger beharrlich, zielorientiert und ausdauernd. Denn diese Eigenschaften können im Alltag durchaus ja auch Probleme
machen (→ Interview ab Seite 24).
Die Spannweite, was Größe, Fellbe-
schaffenheit und Temperament betrifft,
ist bei diesem Typus sehr groß. Es gibt
Schwergewichte wie den Neufundländer
und zarte Bichons, sportliche Tiere wie
Boxer und Dalmatiner, robuste wie den
Tibet Terrier, temperamentvolle wie den
Großpudel und sanfte wie den Landseer
und den Amerikanischen Cocker.

Unterschiedliche Hunde-Typen

Klein ja, aber lauter Individualisten: Die Französische Bulldogge (1) ist verspielt und gesellig, der Whippet (2) sanft und zart besaitet. Tibet Terrier (3) sind robust und lebhaft Rauhaardackel (4) sind passionierte Jäger, die gern auch kläffen.

EXPERTEN-INTERVIEW

Was ist das Besondere an **Arbeitshunden?**

TANJA SCHWEDA

Die Hundetrainerin, die auch als Erlebnispädagogin und Führungskräftecoach arbeitet, ist Spezialistin auf dem Gebiet der Suchhundeausbildung. Nach vielen Jahren praktischer Einsatzerfahrung für das Deutsche Rote Kreuz bildet sie zusammen mit ihrem Mann, Armin Schweda, regelmäßig Rettungshundeführer aus ganz Europa und Polizisten aus acht deutschen Bundesländern mit ihren Hunden zu Einsatzteams aus. Ihr umfangreiches Wissen und ihre jahrzehntelange praktische Erfahrung gibt sie unter der Marke »HundeHandwerk«® auch an ambitionierte Familienhundeführer weiter.

Häufig ist in Rassebeschreibungen von Hunden zu lesen, die sehr viel »Trieb« haben, ein »hohes Energielevel« oder ausgesprochene »Arbeitseigenschaften«. Von solchen Hunden raten Experten Familien meistens ab. Auf der anderen Seite gibt es aber auch Züchter klassischer Arbeitsrassen, wie Border Collie, Jack Russel oder Deutscher Schäferhund, die ihre Tiere ausdrücklich als Familienhund empfehlen. Wie passt das zusammen? Was genau ist eigentlich ein Arbeitshund, und was unterscheidet ihn von einem für die Familie und Freizeit geeigneten Tier?

SIE UNTERSCHEIDEN ZWISCHEN ARBEITS- UND FAMILIENHUND, WARUM?
Das Zusammenleben mit einem Arbeitshund ist ganz klar zielorientiert, nach dem Motto: »Ich möchte dies und jenes erreichen.« Beim Familienhund geht es darum, dass sich Mensch und Hund gut miteinander verstehen. Wenn Sie es so wollen, könnte man auch sagen, bei dem einen geht es um Leistung, bei dem anderen um Harmonie.

WELCHE EIGENSCHAFTEN HAT EIN GUTER ARBEITSHUND?
So ein Hund braucht ähnliche Eigenschaften wie ein Leistungssportler. Er sollte Kritik annehmen können und die Einstellung haben: »Das kann ich noch besser, da setze ich noch eins drauf.« Er sollte also seine eigene Leistung ständig toppen wollen. Daher verstehe ich unter einem »Arbeitshund« auch nicht lediglich das »Produkt« zweier Elterntiere, die irgendwann einmal eine Arbeitsprüfung gemacht haben. Es ist ein Hund, bei dem man diese Qualitäten wirklich sehen und spüren kann. Einer, der im praktischen Einsatz über längere Zeit beweist, dass er leistungsfähiger und beharrlicher ist, mehr Energie hat und unempfindlicher ist

als andere. Vereinfacht ausgedrückt heißt das: Ein guter Arbeitshund kann das Ziel, also das, was wir von ihm wollen, schnell erfassen und sofort umsetzen.

KANN MAN EINEM HUND DIESE EINSTELLUNG ANERZIEHEN, ODER IST DAS EINE FRAGE DER GENETIK?

Ich hatte kürzlich einen Klienten, einen Jäger, mit einem zehn Wochen alten Deutsch-Drahthaar-Welpen. An diesem Hund konnte man sehr schön sehen, dass eine bestimmte genetische Veranlagung einfach da ist: Beharrlichkeit, die einen gewissen Fokus mit sich bringt. Das ist genau der Punkt, der beim Familienhund mühsam wird: dieses hohe Energielevel, manche sagen dazu auch Trieb, ich nenne es Fokus oder Beharrlichkeit. Wie auch immer wir es nennen, beim Arbeitshund ist es gewollt, beim Familienhund dagegen kritisch. Abgesehen davon braucht ein Arbeitshund eine gewisse Härte. Es darf ihm nichts ausmachen, wenn ihn etwas streift oder er durch Dornen gehen muss. Sein Fokus auf die Aufgabe sollte so stark sein, dass er das gar nicht merkt.

WIE SUCHE ICH DENN AUS EINEM WURF DEN RICHTIGEN WELPEN ZUR ARBEIT AUS?

Richtig für was? Man kann schließlich auf der Ebene der Bezirksliga spielen oder bei der Bundesliga mitmachen wollen. Je höher die Ziele sind, umso geschulter muss das Auge beim Aussuchen sein. Man sollte die Welpen möglichst über einen längeren Zeitraum beobachten, um zu sehen, welches der Tiere die passenden Qualitäten mitbringt. Im Idealfall hat man dazu mehrere Tage oder sogar Wochen Zeit. Es hilft also durchaus, eng mit dem jeweiligen Züchter zusammenzuarbeiten.

DIE MEISTEN RASSEN WURDEN EINMAL FÜR EINE BESTIMMTE AUFGABE GEZÜCHTET. WELCHE DAVON WÜRDEN SIE HEUTE ALS FAMILIENHUND EMPFEHLEN?

Ich würde die Frage »Familien- oder Arbeitshund« nicht unbedingt nur an der Rasse aufhängen. Innerhalb der Rassen gibt es ja mittlerweile verschiedene Züchtungen. Die einen tendieren zum schönen Begleithund, die anderen werden auf Leistung gezüchtet. Es gibt beispielsweise Australian-Shepherd- oder Border-Collie-Schläge, die sich wunderbar als Familienhund eignen, weil sie kaum noch Hütetrieb haben und nicht so schnell sind. Allerdings stellt sich dann natürlich die Frage, ob ein Hund, der zwar noch aussieht wie ein Border Collie, aber dessen typische Eigenschaften nicht mehr mitbringt, überhaupt ein Border Collie ist? Das kann man von zwei Seiten sehen.

WELCHE EIGENSCHAFTEN SOLLTE DENN DER MENSCH AUS HUNDESICHT MITBRINGEN?

Das Wichtigste sind die Freude am Zusammensein, am Beobachten, die Neugierde, das Gegenüber kennenzulernen. Zeit zu haben, sich authentisch und ohne Vorbehalte auf das Abenteuer einzulassen, bei dem sich zwei verschiedene Arten verstehen lernen. Hinzu kommt, dass ein Hund ein soziales Wesen ist, und in sozialen Systemen herrschen Regeln. Das heißt, auch der Familienhund braucht einen Erwachsenen, der Regeln vorgibt. Dieser Mensch sollte in der Lage sein, nicht alles nur aus seiner speziellen menschlichen Sicht zu betrachten. Er sollte sich auch in den Hund hineinversetzen können. Vor allem in dessen »Muttersprache«: die Körpersprache und das unmissverständliche Handeln. Ein

EXPERTEN-INTERVIEW

guter Hundehalter braucht also Empathie, und er braucht Führungsqualitäten. Er sollte erkennen können: »Mein Hund hat jetzt dieses oder jenes Thema, und das gehen wir auf diese oder jene Weise an.« Es geht darum, planvoll zu handeln, Ziele zu definieren und Wege dorthin aufzuzeigen. Ein souveräner Hundehalter sollte Stehvermögen haben und an einer Sache dranbleiben können, nach dem Motto: »Okay, du willst es vielleicht nicht, aber ich weiche jetzt nicht davon ab.« Im Grunde geht es auch darum, dass der Mensch sich seiner Emotionen bewusst ist und diese steuern kann, anstatt ihnen ausgeliefert zu sein.

AUS IHRER ERFAHRUNG: WAS IST DAS HAUPTPROBLEM, MIT DEM MENSCHEN IN DIE HUNDESCHULE KOMMEN?

Ganz eindeutig: Die Sprache des Hundes nicht zu sprechen und deswegen viele seiner Signale falsch zu interpretieren und zu vermenschlichen.

WAS RATEN SIE JEMANDEM, DER EINEN FAMILIENHUND WOLLTE UND DURCH ZUFALL AN EINEN HUND MIT ARBEITS-EIGENSCHAFTEN GERATEN IST?

Ich würde in diesem Fall raten, entweder die persönliche Einstellung zu ändern oder – so hart das jetzt auch klingen mag – den Hund in für ihn besser geeignete Hände abzugeben.

DIE EINSTELLUNG ÄNDERN, WAS BEDEU-TET DAS? MUSS ICH EINEN JAGDSCHEIN MACHEN ODER MIR SCHAFE ZULEGEN?

Das könnte tatsächlich ein Weg sein. Wenn ich die Mittel dazu habe, warum nicht? Schon so mancher hat ein ganz neues Hobby für sich entdeckt, weil er einen schwierigen Hund hatte. Arbeits-

hunde werden nämlich ganz schnell schwierig, wenn sie nicht ausgelastet sind und ihre Energie nicht geordnet loswerden können. Aus diesem Grund entschließen sich viele Hundehalter notgedrungen dazu, ihrem Tier die Arbeitsbedingungen zu schaffen, die es braucht. Es muss ja nicht gleich eine Schafherde sein, meistens reicht es ja, den Hund gezielt auszulasten. Sie können einem solchen Hund eben nicht einfach mit der Einstellung begegnen: »Du bist mein netter Kumpel, und wir schmusen miteinander.« Stattdessen sollten Sie die Haltung annehmen: »Du bist mein Sparringpartner, und wir fühlen uns mal gegenseitig auf den Zahn.« Denn genau das ist es, was diese Hunde mitbringen. Sie sind keine »Eididei, wir kuscheln und dann ist die Welt schön«-Fellknäuel. Sie wollen sich mit Ihnen messen, und die Fähigkeiten und Energie, die in ihnen steckt, voll ausleben.

ES GIBT MITTLERWEILE »NEUE« AR-BEITSHUNDE, NÄMLICH DIE GROSSE GRUPPE DER THERAPIE- UND BEHIN-DERTENBEGLEITHUNDE. MÜSSEN DIESE HUNDE ÄHNLICHE EIGENSCHAFTEN HABEN WIE JAGD-, RETTUNGS- ODER DIENSTHUNDE DER POLIZEI?

Die klassischen Arbeitshunde sind Hüter, Treiber, Bewacher, Jäger und Lasten-zieher. Und genau die hatte ich im Kopf, als ich von den Eigenschaften sprach, die ein guter Arbeitshund mitbringen sollte. Früher ging es bei der Zusammenarbeit mit diesen Hunden ums Überleben, um so archaische Dinge wie Nahrung und Schutz. Bei den Therapie- und Behinder-tenbegleithunden dagegen geht es um so-ziale Fähigkeiten, man könnte also sagen, genau ums Gegenteil. Nichtsdestotrotz sind diese Hunde ebenfalls Arbeitshunde. Schließlich werden sie ganz klar auf ein bestimmtes Ziel hin ausgebildet, und es wird ihnen im Alltag etwas abverlangt. Sie müssen jedoch völlig andere Fähigkeiten mitbringen als beispielsweise ein guter Jagd- oder Drogenspürhund. Bei einem Therapiehund geht es nicht um Beute oder Verteidigung, sondern um Nähe, Einfühlungsvermögen und soziale Sicherheit. Beim klassischen Arbeitshund mache ich mir die Nase, die Zähne und das Laufvermögen des Hundes zunutze, beim Therapiehund seine sozialen Fähigkeiten.

WELCHE EIGENSCHAFTEN SOLLTE EIN GEEIGNETER THERAPIE- ODER BEHINDERTENBEGLEITHUND DENN HABEN?
Wie schon gesagt, von einem klassischen Arbeitshund erwarte ich, dass er den Fokus hält, sich durchbeißt, beharrlich ist, und schlicht sein Ding macht. Beim Therapie- und Behindertenbegleithund erwarte ich vor allem, dass er Nähe zulassen kann, dass er sich nicht so leicht aus der Ruhe bringen lässt und sich zurücknehmen kann, also ein gewisses Maß an Frustration auszuhalten vermag. Er soll nicht gleich jedem Ball hinterherrennen, der ihm vor die Füße rollt und ein eher weiches und anpassungsfähiges Wesen haben. Dieser Hund soll etwas tun, was ihm nicht angezüchtet wurde. Ich sehe bei einem Therapie- und Behindertenbegleithund wenig Aufgaben, für die Hunde in den letzten Jahrhunderten gezüchtet wurden – einmal abgesehen vom Apportieren, eine Fähigkeit, die der Hund zum Beispiel braucht, um einem behinderten Menschen einen Gegenstand zu bringen oder aufzuheben.
Der klassische Arbeitshund hat für mich auch etwas mit einer Dreiecksbeziehung zu tun: Mensch – Hund – Ziel. Und dieses Ziel ist etwas Konkretes, etwas Fassbares wie eine vermisste Person, ein Reh oder Sprengstoff. Bei einem Therapie- oder Behindertenbegleithund fehlt dieses konkrete Ziel. Das Ziel dieser Arbeit ist nichts Gegenständliches, sondern ein sozialer oder emotionaler Nutzen.
Dieses neue »Arbeitsmodell« passt natürlich gut in unsere Gesellschaft. Auch der Familienhund hat nur noch selten einen funktionalen Nutzen. Er soll die Familie nicht beschützen oder deren Eigentum bewachen, sondern er soll sie emotional bereichern. Das Leben mit Hund soll sich noch besser anfühlen als ohne. Analog dazu, gibt es diese neue Form der Arbeitshunde im therapeutischen Bereich.

DANN WÄRE ALSO EIN HUND, DER VON SEINER VERANLAGUNG HER IN RICHTUNG THERAPIEHUND TENDIERT, DER BESSERE FAMILIENHUND?
Ganz eindeutig. Denn die Eigenschaften die ich in der Familie und im Therapiebereich brauche, sind ähnlich: Nähe aushalten können, gelassen bleiben, auch wenn es einmal laut oder hektisch wird, sich an den Alltag anpassen können, schnell lernen, aber auch nicht zu pfiffig sein, weil diese Hunde sich ja viel in engeren Grenzen aufhalten müssen. Man kann also durchaus sagen: Ein Hund, der sich für die Therapie eignet, ist auch ein wunderbarer Familienhund.

WAS FÜR EIN HUNDE-HALTERTYP SIND SIE?

Nicht nur Hunde haben unterschiedliche Bedürfnisse und Ansprüche, sondern auch die Menschen an ihrer Seite. Das ist nun sogar amtlich: Eine wissenschaftliche Studie der Universität Bonn belegt, dass es drei unterschiedliche Typen von Hundehaltern gibt. Die Leiterin des Forschungsprojektes, Diplom-Psychologin Dr. Silke Wechsung, hat dazu einen Test entwickelt, der überprüft, wie gut Mensch und Hund zusammenpassen, und aus den Testergebnissen eine Art »Psychogramm des deutschen Hundehalters« erstellt. Der häufigste Fehler: Zu viele unterschiedliche Erwartungen. »Der Hund soll gleichzeitig Seelentröster sein, Sport- und Freizeitpartner, die Alarmanlage ersetzen und auch noch mit den Kindern kuscheln und spielen. Das überfordert die meisten Tiere«, sagt Silke Wechsung. Nach ihren Erkenntnissen führt der beste Weg zur Harmonie über Fähigkeiten wie Selbstreflexion, Offenheit für Kritik, Selbstvertrauen, Geduld und Einfühlungsvermögen. Und noch etwas fanden die Forscher heraus: Verantwortlich dafür, ob die Beziehung zum Hund glücklich ist oder ob beide ein eher anstrengendes Miteinander pflegen, ist alleine der Mensch. Sein Denken und Handeln entscheidet darüber, ob sich beide Partner mopsfidel oder hundeelend fühlen. Was zeichnet also den guten Hundehalter aus? »Wir haben zweifellos bewiesen, dass Hundebesitzer, die in ihrer Mensch-Hund-Beziehung tonangebend sind und sich durchsetzen können, eine bessere Beziehung zum Hund haben als andere, die ihn übermäßig verwöhnen und zum Mittelpunkt

»Der Mensch ist das einzige Lebewesen, das auch instabilen Führern folgt.«

Cesar Millan

ihres Lebens machen. Gute Hundehalter verhalten sich genau wie gute Eltern, nämlich kontrolliert und berechenbar. Sie bestehen auf die Einhaltung von Regeln, aber ohne Geschrei oder Wutausbrüche. Ihr Verhalten ist situationsangemessen und hunde- beziehungsweise kindgerecht«, so die Mensch-Hund-Psychologin.

Typ 1: Der Prestigeorientierte

Der »prestigeorientierte, vermenschlichende Hundehalter« (22 Prozent) ist eher introvertiert, und der Kontakt zu anderen Menschen fällt ihm schwer. Für ihn ist der Hund vor allem ein Statussymbol, das ihn zugleich vor Einsamkeit schützt. Bei der Erziehung ist er inkonsequent und lässt den Dingen lieber freien Lauf, statt Regeln aufzustellen und Grenzen zu setzen. Wenn es Probleme gibt, sucht er die Ursachen dafür lieber beim Hund als bei sich selbst.

Typ 2: Mein Hund ist mein Ein und Alles

Für den »auf den Hund fixierten, emotional gebundenen Hundehalter« (35 Prozent) ist sein Tier wichtiger als menschliche Bezugspersonen. Seine volle Aufmerksamkeit gilt dem Wohlbefinden des Hundes, und er beschäftigt sich intensiv mit ihm. Dabei wird der Hund oftmals auch sehr vermenschlicht. Regeln vermittelt dieser Haltertyp über freundliche Zuwendung, nicht über autoritäres Durchsetzen. Ein häufiges Problem: Zwischenmenschliche Beziehungen kommen zu kurz, und es besteht die Gefahr, dass der Hund aufgrund seines extrem hohen Stellenwerts überfordert wird.

Für Hunde sagt ein Blick mehr als 1000 Worte.

Typ 3: Der Souveräne

Der »naturverbundene, soziale Hundehalter« (43 Prozent) bewegt sich viel und gerne draußen. Er ist daran interessiert, sich aktiv mit seinem Hund zu beschäftigen, ist gesellig, kontaktfreudig, souverän, selbstbewusst und behandelt seinen Hund respektvoll und auf artgerechte Weise. In der Mensch-Hund-Beziehung gibt er den Ton an und setzt sich durch. Der Hund ist nicht seine zentrale Lebensaufgabe, und zwischenmenschliche Beziehungen sind ihm im Zweifel noch wichtiger als die Beziehung zu seinem Tier. Denn er weiß, dass der Hund diese niemals ersetzen, sondern immer nur harmonisch ergänzen kann. Da wundert es kaum, dass in der Studie bei diesem Typ die harmonischste Mensch-Hund-Beziehung nachgewiesen werden konnte.

WELCHE RASSE SOLL ES SEIN?

Eines ist klar: Alles, was lebendig ist, lässt sich nicht hundertprozentig planen. Es gibt keine Garantie, nicht einmal für den bestens geprägten und sozialisierten Rassehund vom liebevollsten Züchter der Welt. Mensch-Hund-Beziehungen sind so individuell wie jede andere Partnerschaft auch. Die abstrusesten Kombinationen können prima funktionieren, und auch der Labrador kann schwierig sein. Daher ist es umso wichtiger, im Vorfeld ehrlich Bilanz zu ziehen. Dabei helfen zum Beispiel folgende Überlegungen:

- Wie aktiv beziehungsweise sportlich bin ich? Wie verbringe ich am liebsten meine Freizeit? Welches Temperament habe ich?
- Wie viel Hundeerfahrung habe ich?
- Möchte ich einen Hund, der mich und meine Familie bewacht, oder soll er freundlich gegenüber Fremden sein?
- Soll der Hund bestimmte Aufgaben erfüllen, zum Beispiel mit ins Büro?
- Wie wichtig ist es, dass es ein guter Kinderhund ist?
- Wie aufwendig darf die Erziehung sein?
- Wie viel Eigenständigkeit vonseiten des Hundes kann ich aushalten?

Genauso wichtig ist auch, dass der Hund möglichst gut zu Ihren äußeren Lebensbedingungen passt. Denn wo und wie Sie wohnen, trägt ebenfalls dazu bei, dass sich das Tier wohlfühlt. Auch dazu ein paar Faustregeln:

- Je größer die Stadt ist, in der Sie leben, desto kleiner sollte der Hund sein.
- Je höher die Etage auf der Sie wohnen, desto eher müssen Sie den Hund tragen können, wenn er krank und alt ist.

Können Hunde glücklich sein? Ja, und man kann es sehen.

- Lange Rücken kombiniert mit kurzen Beinen brauchen Parterrewohnungen oder Aufzüge.
- Je weniger Wohnraum Sie haben, desto ruhiger sollte der Hund sein.
- Kräftige Hunde brauchen eine starke Hand. Wer mit einem Hund in die Öffentlichkeit geht, muss ihn in jeder Situation festhalten können.
- Kleine Hunde haben große Vorteile. Sie richten im Falle eines Falles weniger Schaden an. Auch ein acht- oder neunjähriges Kind oder die Oma kann einen Dackel oder Tibet Terrier an der Leine führen, weil das Kräfteverhältnis stimmt. Bei einem Schäferhund oder Hovawart ist das kaum möglich.
- Hunde, die viel laufen wollen, brauchen die Gelegenheit dazu, das passende Gelände und ein Herrchen oder Frauchen mit Fahrrad oder Pferd.

Manche Hunde sind zart besaitet, andere robust.

Wie pflegeintensiv ist Ihr Favorit?

Einen auf den ersten Blick vielleicht eher nebensächlichen Aspekt sollten Sie bei Ihren Überlegungen ebenfalls nicht vergessen: Wie viel Pflege braucht der Hund? Und wie wichtig ist Ihnen die Sauberkeit Ihrer Wohnung? Langhaarige Hunde sind zwar kuschelig, schleppen aber jede Menge Dreck ins Haus. Ein kurzhaariger Hund macht weniger Arbeit, braucht im Winter jedoch eventuell einen Mantel, was auch nicht jedermanns Sache ist. Daher lohnt ein genauer Blick aufs Fell. Grundsätzlich gilt dabei:

- Hunde mit kurzem Fell ohne Unterwolle verlieren weniger Haare. Dafür bleiben diese hartnäckiger an Rock, Hose und Teppich hängen. Beispiele: Dalmatiner, Magyar Vizsla, Boxer, Mops.
- Die Unterwolle stockhaariger Hunde fällt zweimal im Jahr flockenweise aus und liegt dann überall herum. Beispiele: Labrador Retriever, Schäferhund, Appenzeller Sennenhund, Kurzhaar-Collie.
- Langhaarige Hunde mit Unterwolle verlieren ihre Unterwolle während des Fellwechsels ebenfalls. Außerdem bleiben in dem langen Deckhaar jede Menge Schmutz und Zecken hängen. Soll der Hund einigermaßen gepflegt aussehen, muss er daher regelmäßig gebürstet werden. Beispiele: Bearded Collie, Briard, Malteser, Tibet Terrier.
- Rassen, die getrimmt oder geschoren werden müssen sind, abgesehen von diesen teuren und zeitaufwendigen Maßnahmen, pflegeleicht und müssen meist nur ab und zu gebürstet werden. Beispiel: Pudel, Schnauzer, Foxterrier.

EXPERTEN-INTERVIEW

Wie berechenbar ist der Charakter von **Mischlingen?**

ANTON FICHTLMEIER

Der Musiker, Autor, Fachreferent, Jäger und Hundetrainer war immer schon ein Querdenker. Als Hunde noch standardmäßig »abgerichtet« wurden, sprach er schon längst von Kommunikation statt Dressur. Sein »Weg des Vertrauens« ist inzwischen eines der erfolgreichsten Konzepte für Hundeausbildung in Deutschland. In Bayern hat Anton Fichtlmeier unlängst einen Verein gegründet, der es allen Hunden – also nicht nur den Jagdgebrauchshunderassen – möglich machen soll, bei einer entsprechenden Veranlagung die jagdliche Brauchbarkeit zu erwerben.

Dass auch Mischlingshunde ihre ganz besonderen Reize haben, zeigt allein die Tatsache, dass von den jährlich 500 000 in Deutschland verkauften Hunden rund 30 Prozent nicht reinrassig sind. Mischlinge sind eben Unikate, Individualisten auf vier Pfoten. Vermutlich heißt es daher: Wer einen Mischlingswelpen zu sich nimmt, kann nicht zuverlässig vorhersagen, welche Veranlagungen der Hund mitbringt. Dabei lassen sich mit dem richtigen Blick anhand des Aussehens auch bei Mischlingen ziemlich genaue Rückschlüsse auf die Charaktereigenschaften ziehen. Dasselbe gilt natürlich auch für Rassehunde, denn nicht einmal innerhalb einer Rasse sieht ein Tier aus wie das andere. Körperliche Merkmale können auch hier bei der Entscheidung für den passenden Welpen helfen. Wie das geht, erklärt Experte Anton Fichtlmeier.

SIE HABEN EINMAL GESAGT: WAS AUSSIEHT WIE EIN HAI, VERHÄLT SICH AUCH WIE EIN HAI. WAS GENAU MEINEN SIE DAMIT?
Dieser Satz bedeutet, dass das Aussehen eines Hundes viel darüber verrät, wie er auf bestimmte Reize reagiert. Der Anblick eines Eichhörnchens zum Beispiel löst einen Terrier anders aus als einen Bernhardiner. In Bezug auf einen mischrassigen Hund heißt das: Erkenne ich in einem Mischling äußere Erscheinungsmerkmale eines Terriers, weiß ich in etwa, wie er auf ein Eichhörnchen reagieren wird – vereinfacht gesagt. Allerdings lässt sich das Wesen eines Mischlings nur dann klar beurteilen, wenn alle physischen Komponenten im Gesamtbild betrachtet werden. Die individuelle Bewegungskoordination und das Erscheinungsbild ergeben für jeden Hund ein spezifisches Muster, wie auf Reize reagiert werden kann. In der Fachsprache nennt man dies Reizbeantwortungsmuster.

REAGIEREN HUNDE TATSÄCHLICH SO UNTERSCHIEDLICH AUF ÄUSSERE REIZE?

Eindeutig. Stellen Sie sich nur vor, Sie gehen mit Ihrem Hund im Wald spazieren, und da ist ein Wildschwein im Gebüsch. Die einen Hunde sagen in so einer Situation: »Oh, da ist ein Wildschwein, schnell weg hier«, und suchen umgehend das Weite. Andere sagen: »Ah, eine Wildsau, dich packe ich jetzt!« Ein dritter Typus, das könnte zum Beispiel ein Yorkshire Terrier sein, riecht das Wildschwein, kläfft hektisch, weil er erregt ist, und bringt sich dadurch selbst in Gefahr. Er kann nicht einschätzen, wie er mit der Situation umgehen soll. Er zeigt also ein Muster, das nicht aus einer Gebrauchslinie kommt. Er wird zwar ausgelöst, geht unter Umständen sogar nach vorne, spürt aber nicht mehr, ob im Gebüsch eine große »Ratte« vor ihm steht oder eine kleine. Diese Fähigkeit ist ihm im Laufe der Zucht in Richtung Begleithund verloren gegangen. Im Gegensatz dazu kann sich ein Gebrauchshund wie der Vizsla oder Deutsch Drahthaar meist sehr gut einschätzen. Jagdhunde haben oft noch sehr ursprüngliche Instinkte, weil sie ums Töten und Getötetwerden wissen. Damit ist ein Mechanismus vorhanden, der bewirkt, dass diese Hunde normalerweise nicht unbedacht in Aktionen gehen, bei denen sie sich verletzen könnten. Die wägen das sehr gut ab.

WARUM IST ES WICHTIG, DASS ICH WEISS, WELCHE VERANLAGUNGEN MEIN HUND GENETISCH MITBRINGT?

Einer meiner eigenen Hunde, Franz-Josef, verhält sich selbst für einen Weimaraner ausgesprochen bewachend. Er lässt niemanden ins Haus, ans Auto oder an Familienmitglieder heran. Eine mir be-kannte Weimaranerhündin aus einer ganz anderen Zuchtlinie verhält sich ähnlich. Beide Hunde haben diese Veranlagung schon als Welpe gezeigt. Und beide haben eine lange, knochige Rute, die am Ende einen Schwung nach oben, einen Haken macht. Genau diese Hakenrute habe ich auch schon bei Rottweilern, Hovawarten oder Schäferhunden gesehen, die sehr stark bewachen. Diese Rutenform ist eher typisch für Herdenschutzhunde wie Akbas oder Kuvasz. Wenn ich mir einen Hund mit so einer Rute aussuche, egal ob rein- oder mischrassig, weiß ich, dieser Hund ist wahrscheinlich sehr stark behütend und bewachend veranlagt. Auf alle Fälle hat er eine Tendenz dazu, und das muss ich als Hundebesitzer akzeptieren. Ich kann ihn nicht »umpolen« und die Wachsamkeit »wegerziehen«, sondern muss lernen, ihn zu managen und zu kontrollieren.

WIE GEHEN SIE VOR, UM EINEN MISCHRASSIGEN HUND EINZUSCHÄTZEN?

Ich schaue mir das äußere Erscheinungsbild des Hundes an: seine Kopfform, den Körperbau, die Rute, die Pfoten, Fellfarbe und -beschaffenheit. Dabei erkenne ich vielleicht die Merkmale von zehn Rassen wieder. Dann überlege ich, welche Tendenzen diese zehn Rassen für den ursprünglichen Gebrauch haben. Da gibt es verschiedene Möglichkeiten: Grob unterteilt gibt es den Hund für die Jagd, der vorwiegend über die Nase ausgelöst wird, es gibt den fürs Hüten, Bewachen und Treiben, und es gibt den »FouFou-Hund« für die Couch. Diese Tendenzen können sich vermischen und verschiedene Ausprägungen haben, bis hin zu überbetontem Verhalten wie exzessives Jagen, extremes Hüten oder übermäßiges Bewachen. Diese Veranlagungen lassen sich an entsprechenden körperlichen Merkmalen festmachen.

WELCHE ÄUSSEREN MERKMALE SIND DENN AUCH FÜR DEN LAIEN RELATIV GUT ZU ERKENNEN UND ZU DEUTEN?

Bleiben wir noch kurz bei der Rute: Hunde mit Ringelschwanz verhalten sich anders als Tiere mit hängender Rute. Bei Hunden aus demselben Wurf lässt sich das sehr gut beobachten. Ein Terrier mit Ringelschwanz geht anders in Interaktionen als einer mit hängender Rute, denn er verhält sich insgesamt imponierender und verspannter. Ein weiteres, auch für Laien gut erkennbares Körpermerkmal ist die Wolfskralle, eine Art fünfte Zehe an den Hinterläufen. Hunde mit Wolfskralle sind, ähnlich wie nordische Rassen oder Bracken, ursprünglich und instinktgebunden. Das zeigt sich insbesondere in der Art der Kommunikation. Solche Hunde sind eigenständig und nur schwer zu dressieren. Auch die Form der Ohren ist sehr aufschlussreich. Ein Hund mit dreieckigen, eher fleischigen Hängeohren, ähnlich einem Labrador oder einem Weimaraner, ist anders als einer, dessen Ohrform zum Beispiel einem Laufhund-Typus entspricht – lang, schmal und schon im Ansatz gefältelt. Der Laufhund-Typus ist leichter erregbar, gibt schneller Sicht- und Spurlaut, zeigt eher Hetzverhalten, ist nicht so ruhig und hat weniger Schärfe und Härte.

SAGT DIE SCHÄDELFORM AUCH ETWAS ÜBER DAS WESEN AUS?

Ja. Hunde mit einem sogenannten brachycephalen Schädel, also mit sehr ausgeprägten Wangen und kurzer Nase, sind eher grobmotorisch mit dem Maul. Dieser doggenartige Schädel zeigt sich auch im

Wesen. Wenn so ein Hund auch noch eine Hakenrute hat und die Feinnasigkeit eines Jagdhundes, habe ich einen typischen Wächter, der über die Nase ausgelöst wird. Wenn er einen Fremden riecht, wird er mir das anzeigen. Vorstehhund-Typen mit »Himmelfahrtsnase«, also einer Art Pointernase, die vorne hochgeht und dann noch mal einen kleinen Knick macht, sind extrem gut in ihrer Nasenleistung. Auch Bloodhounds haben oft diesen ganz typischen Höcker. Diese Hunde zeigen meist gute Mantrail-Eigenschaften. Ein Hund mit einem sogenannten Downface, bei dem wie beim Bullterrier Stirn und Nase eine gerade Linie bilden, verliert sich schneller in Instinkthandlungen und neigt dazu, rauflustig zu sein. Er tendiert zur unkontrollierten Verselbstständigung. Das macht ihn unter Umständen zum besseren Arbeitshund, weil er dazu veranlagt ist, auch ohne den Menschen an seiner Seite eigenständig Ziele zu verfolgen. Denn ein Jagdhund zum Beispiel, der gut im Gebrauch ist, will und soll weiträumig gehen. Er soll eigenständig arbeiten und den Hasen auch zwei oder drei Kilometer alleine verfolgen. Aber wie ich schon gesagt habe: Man muss immer das Gesamtbild betrachten und den Hund in Aktion sehen, um eine möglichst genaue Aussage machen zu können.

ES GIBT MITTLERWEILE VON EINIGEN RASSEN SOGENANNTE SHOWLINIEN. IST EIN HUND, DER AUS EINER SHOWLINIE KOMMT, WIRKLICH ANDERS ALS DER AUS DER ARBEITSLINIE?

Die Trennung zwischen Show- und Arbeitslinien ist nicht so eindeutig, wie man vielleicht glaubt. Denn auch die Arbeitslinien müssen einem gewissen Formwert entsprechen und werden daher nicht nur nach Leistung selektiert. Würde nur nach Passion ausgewählt, würde sich das Aussehen schnell ändern, insbesondere der Körperbau und das Fell. Da man aber auch den Formwert mit berücksichtigt, bleiben die Rassen sowohl im Gebrauch als auch im Aussehen relativ formkonstant, und die Unterschiede zwischen Arbeits- und Showlinie beschreiben lediglich eine gewisse genetische Bandbreite einer Rasse. Bei den Showlinien sieht man aber, dass sich der Typus Hund auch im Verhalten geändert hat, und man merkt, hoppla, der tut nicht mehr das, was er eigentlich hätte tun sollen. Wird nur noch auf den Formwert geachtet, treten häufig Krankheiten auf, wie zum Beispiel beim Ridgeback. Hier kommt es vor, dass sich die Rückenspalte nicht mehr schließt. Bei vielen Rassen kommt es durch die Überbetonung des Formwertes zu Ausfällen und zu einer Verarmung des Genpools.

GIBT ES AUCH CHARAKTERLICHE UNTERSCHIEDE ZWISCHEN HUNDEN EINER RASSE, DIE FÜR DEN GEBRAUCH GEZÜCHTET WERDEN, UND SOLCHEN, DIE MAN ALS SHOWLINIE BEZEICHNET?
Neben dem Labrador ist der Terrier ein gutes Beispiel. Terrier, die wenig Weißanteile im Fell haben und eher schwarz-braun-rot gefärbt sind, gehören oft zu den sehr verspannten Typen. Diese Hunde haben verstärkt die Tendenz zu raufen, sind aber super, wenn es darum geht, hinter dem Fuchs herzugehen. Je furchtloser und angriffslustiger ein Terrier ist, desto besser ist er für die Jagd geeignet. Gleichzeitig aber sind diese Hunde ein Problem auf der Hundewiese und oft auch in der Familie. Sie sind eben Spezialisten, und »soziale Kompetenz« ist bei ihnen ein ganz schwieriges Thema. So ein Hund gehört übrigens auch nicht in eine Welpengruppe, sondern in Gruppen mit erwachsenen, souveränen Hunden, wo er an deren Souveränität abprallt, wenn er nach vorne geht, weil er den Hund gar nicht erreicht.

WÜRDEN SIE ANGESICHTS DESSEN EHER EINE SHOWLINIE ALS FAMILIENHUND EMPFEHLEN?
Auch hier kann man nicht pauschal antworten, man muss sich den Hund immer ganz genau ansehen. Beim Golden Retriever gibt es einen Typus, der aussieht wie eine Showlinie, vom Wesen jedoch dem Herdenschutzhund sehr nahe kommt. Diese Hunde haben ein sehr helles, weißes Fell, pechschwarze Augen, einen massigen, kurzen, dreieckigen Schädel, oft eine längere Rute mit Haken und häufig leichte braune Abzeichen hinter den Ohren. Sie sind innerhalb einer Gruppe von Hunden immer mit Strukturieren und Kontrollieren beschäftigt, sobald sich etwas bewegt. Und so kann es passieren, dass Sie glauben, Sie hätten einen lustigen Golden Retriever aus einer Showlinie an Ihrer Seite, dabei ist das Tier ziemlich ernst und ganz anders veranlagt.

SYMBOLE, DIE WEITERHELFEN

Ab Seite 40 erfahren Sie das Wesentliche über die beliebtesten kleinen, mittelgroßen und großen Hunderassen. Vielleicht haben Sie ja auch schon einen Favoriten? Damit Sie auf einen Blick erkennen, ob ein Hund überhaupt für Sie infrage kommt, sind den Porträts einfache Symbole zugeordnet, die Sie auch bei den Rasseporträts wiederfinden. Sie sollen Ihnen dabei helfen, die richtige Wahl zu treffen. Denn nicht alle ehemals hoch geschätzten Eigenschaften, wie ein ausgeprägter Jagd- oder Wachtrieb, sind auch im Familienalltag erwünscht; sie können dort im Gegenteil eher stören und mitunter sogar gefährlich werden. Ebenso sollte Ihr zukünftiger Hund nicht mehr Ausdauer haben als Sie selbst, und sein Bewegungsbedürfnis sollte an die Familienverhältnisse angepasst sein. Zugegeben: Kein Hund gibt sich auf Dauer mit weniger als zwei Stunden am Tag zufrieden; das ist tatsächlich das Minimum. Doch bei manchen Hunden übersteigt der tägliche Aufwand die normalerweise veranschlagte Zeit bei Weitem. Einige Rassen sind eigensinnig und zugleich überaus sensibel; für diese Tiere braucht man viel Fingerspitzengefühl. Andere lernen so schnell, dass sie aus den Fehlern, die man anfangs nun einmal macht, alles Mögliche lernen, nur nicht das, was sie lernen sollen. Vergessen Sie trotzdem nie: Eine 100-prozentige Sicherheit gibt es nicht. Sie können lediglich den Weg des kleinsten Risikos wählen. Ist der Hund da, müssen Sie ihn akzeptieren und lieben, wie er ist. Und das werden Sie auch.

Hütet, jagd oder wacht der Hund besonders stark?

Zeigt ein Hund eine der Verhaltensweisen Jagen, Hüten oder Wachen besonders ausgeprägt, finden Sie bei seinem Porträt das jeweilige Symbol:

Hütetrieb: Ein Hund mit starkem Hüteinstinkt ist den ganzen Tag auf potenzielle »Beute« aus: Anpirschen, Umkreisen, Lauern und Fixieren sind nichts anderes als Elemente aus der Jagd. Nur sie machen diesen Hundetyp glücklich, auch wenn es sich bei den vermeintlichen Schafen um Wolken, Steine oder Kinder handelt.

Jagt gerne: Ein Hund mit ausgeprägtem Jagdtrieb mag zwar durchaus ein liebenswertes Familienmit-

Leben wie ein Hund: die Natur genießen und den Augenblick schätzen.

Auf einen Blick

glied sein, in unserer Gesellschaft ist er aber nur dann tragbar, wenn er beim Spazierengehen in der freien Natur konsequent an der Leine bleibt. Schließlich gilt Tierschutz auch für Rehe, Hasen, Füchse, Eichhörnchen und Katzen.

Besonders wachsam: Gilt eine Rasse als besonders wachsam, können Sie davon ausgehen, dass der Hund nicht nur Einbrecher anknurrt oder stellt, sondern auch Übernachtungsgäste, die nachts auf der Suche nach dem Badezimmer durchs Haus schleichen. Im schlimmsten Fall lässt er Fremde erst gar nicht in die Wohnung oder ins Haus.

Wie viel Energie hat der Hund?

Diese Symbole geben Aufschluss über das Energielevel Ihres Hundes:

Der Hund hat ein relativ niedriges Energielevel, ihm genügen ruhige Spaziergänge und etwas Beschäftigung. Dabeisein ist für ihn alles.

Der Hund hat ein mittleres Energielevel und braucht neben längeren Spaziergängen oder Joggingrunden täglich auch ein artgerechtes und individuell abgestimmtes Beschäftigungsprogramm wie Gehorsamstraining, Nasenarbeit oder Apportieren.

Ein neugieriger Hund wird beim Spazierengehen eher mal ausbüchsen wollen als ein träger.

DER PERFEKTE PARTNER AUF VIER PFOTEN

 Hunde mit diesem Symbol sind wahre Energiebündel und eher als Arbeitshunde geeignet. Damit sie auch als Familienhunde ausgeglichen und ausgelastet sind, brauchen sie je nach Rasse neben mindestens zwei bis drei Stunden Auslauf ein fachgerechtes Beschäftigungsprogramm für den Kopf, wie zum Beispiel Agility oder Treibball, Mantrailing oder Obedience.

Wie viel Zeit haben Sie?

Anhand dieser Symbole sehen Sie, wie viel Zeit der Hund jeden Tag in Anspruch nehmen wird:

Dieses Symbol steht bei Hunden, die keine aufwendige Fellpflege benötigen und mit zwei Stunden Beschäftigung und Auslauf am Tag voll zufrieden sind.

Hunde, die nicht tägliche, aber trotzdem regelmäßige Fellpflege benötigen, nicht besonders viel Schmutz mit ins Haus bringen und mit zwei bis drei Stunden für Spaziergänge und Training am Tag ausgelastet sind.

Bei diesem Hund ist aufgrund seiner langen Haare entweder täglich eine ausführliche Fellpflege nötig, oder er

Podenco oder Labrador? Beide jagen gern, aber beim Spanier ist der Trieb viel stärker ausgeprägt.

Auf einen Blick

Ist gerade nicht viel los, dösen viele Hunde tagsüber, sind aber sofort hellwach, wenn sich etwas interessantes ereignet.

bringt besonders viel Schmutz mit ins Haus beziehungsweise benötigt ein mehrstündiges, tägliches Bewegungs- und Beschäftigungsprogramm. Oder sogar alles zusammen.

Wie viel Erfahrung haben Sie?

Diese Symbole verraten Ihnen, wie viel Hundeerfahrung Sie für die Rasse mitbringen sollten:

Dieser Hund ist auch für Anfänger geeignet und mit der nötigen Zuwendung und Konsequenz gut zu erziehen und leicht führbar. Er ist nicht besonders eigensinnig, hat keinen besonders stark ausgeprägten oder schwer zu kontrollierenden Trieb und macht im Prinzip gerne, was sein Mensch von ihm verlangt.

Hunde mit diesem Symbol sind nur bedingt für Anfänger geeignet. Ihre Erziehung kann dem Halter viel Ausdauer, Kraft und Konsequenz abverlangen und sollte am besten in Rücksprache mit einer Hundeschule oder einem Trainer erfolgen. Diese Hunde haben oft auch einen ausgeprägten Jagd-, Hüte- oder Wachtrieb.

Achtung, dieser Hund ist keinesfalls für Anfänger geeignet. Es handelt sich um spezialisierte Rassen oder Hunde, die eine starke und sehr konsequente Führung benötigen. Ihr Mensch sollte bereit sein, mit den rassebedingten Veranlagungen des Hundes zu arbeiten, und muss mit der ständigen Präsenz oder dem eigenen Willen dieser Hunde gut zurechtkommen.

Die beliebtesten kleinen Hunderassen

Unter kleinen Hunden gibt es große Unterschiede: Es gibt kernige Arbeitshunderassen wie Dackel und Foxterrier und sanftmütige Begleiter wie Papillon und Malteser.

KLEINE HUNDERASSEN

Papillon

Der Papillon ist ein graziler, kleiner Hund mit ausgesprochen schönem Fell. Die korrekte Rassebezeichnung lautet Kontinentaler Zwergspaniel. Man kennt zwei Varietäten, den schon genannten Papillon, der stehende Ohren hat, und den Phalène mit Hängeohren. Der hängeohrige Phalène ist zwar der ursprünglichere Typ, aber heute wesentlich seltener anzutreffen. Beide sind lebhafte Hunde im Kleinformat mit denselben Bedürfnissen wie größere Artgenossen. Was die körperliche Bewegung betrifft, muss man den Zwergspaniel nicht übertrieben schonen. Zwar gibt er sich im Alltag auch mit kürzeren Gassirunden zufrieden, doch sollte man ihm wenigstens ein- bis zweimal in der Woche einen richtig langen Auslauf gönnen und grundsätzlich sehr viel mit ihm spielen. Bei langen Wanderungen kann er ohne Weiteres mithalten. Auch Hundesportarten wie Dog Dance liebt der temperamentvolle Papillon sehr. Man muss ihn nicht verhätscheln. Er mag Agility und kann, wenn er erwachsen und seelisch ausgereift ist, sogar als Therapiehund besonders für ältere oder bettlägerige Menschen eingesetzt werden. Er ist sozialverträglich und hat in der Regel keine Probleme mit größeren Rassevertretern. Doch sollte man berücksichtigen, dass insbesondere Junghunde oft linkisch und stürmisch sind, und ein tapsiger Berner Senn oder Labrador einen zierlichen Papillon alleine durch sein Gewicht im Spiel verletzen kann. Nichtsdestotrotz ist auch für kleine Hunde viel Sozialkontakt mit ausgewählten, gut sozialisierten, erwachsenen, großen Hunden extrem wichtig. Ein Papillon ist außerdem der ideale Reisebegleiter, der sich neuen Umständen schnell und problemlos anpasst. Wenn er nicht konsequent erzogen wird, kann er sich allerdings zu einem kläffenden und nervenden Despoten entwickeln. 🐾

Papillon

INFOS ZUR RASSE

GESCHICHTE: *Der Phalène ist bereits im Spätmittelalter auf zahlreichen Gemälden abgebildet; aus dieser »Urform« entstand durch die Einkreuzung von Spitz und Chihuahua der Papillon, der erst im 19. Jahrhundert populär wurde. Mit Beginn der Reinzucht nach 1969 durften nur noch Papillons mit Papillons und Phalènes mit Phalènes verpaart werden. Diese Vorschrift gilt bis heute.*

TYP: *Begleithund*

FELL: *Mittellang, fein, seidig, ohne Unterwolle; meist zwei- oder dreifarbig, auf weißem Grund; selten einfarbig rot, braun oder schwarz*

GRÖSSE UND GEWICHT: *Schulterhöhe von 20 bis 28 cm, Gewicht: 2,5 bis 4,5 kg*

GUT GEEIGNET FÜR: *Leute, die viel unterwegs sind und gerne ihren Hund dabeihaben, für ältere Menschen und Stadtbewohner*

ANFÄLLIG FÜR: *Patellaluxation (lockere Kniescheiben)*

KLEINE HUNDERASSEN

Chihuahua

Ein britischer Psychologe soll einmal gesagt haben: »Ein Mann, der sich einen kleinen Hund zulegt, ist mit seinem Liebesleben zufrieden.« Nun sieht man Männer mit einem Chihuahua an der Leine leider äußerst selten, und ob dieser Satz auch für Frauen gilt, sei dahin gestellt. Tatsache ist: Der Chihuahua ist nicht nur die kleinste, sondern auch eine der ältesten Hunderassen der Welt. Es gibt ihn in zwei Varietäten, den Kurzhaar- und den Langhaarchihuahua. Ersterer ist der ursprünglichere und ältere der beiden. Eines der wichtigsten Kriterien für einen gesunden Chihuahua ist sein Gewicht. Im Alter von zwölf Wochen sollte er um die 1000 Gramm wiegen. Zur Zucht zugelassen werden vom VDH nur Hunde von mindestens zwei Kilogramm. Denn je kleiner die Tiere sind, desto empfindlicher sind sie. Zwergenwuchs ist nichts Erstrebenswertes, auch wenn unter dem Begriff »Teacups« mittlerweile Kümmerlinge von 500 Gramm verkauft werden – winzig genug, um in eine Teetasse zu passen. Ein gesunder, normal entwickelter Chihuahua möchte draußen etwas erleben und herumstromern wie andere Hunde auch. Er will keinesfalls den ganzen Tag herumgetragen werden, sondern genießt es, viel Bewegung im Wald, auf der Wiese und im Garten zu haben. Er ist verspielt und würde Agility in einer Mini-Ausführung sicher gerne mitmachen. Überhaupt ist der kleine Kerl ausdauernder und robuster, als manch einer denkt. Er braucht keine Pullover, Täschchen, Schühchen und Glitzerleinen, sondern Spaziergänge und ein hundgerechtes Sozialleben. Hin und wieder kann es Probleme mit großen Hunden geben, die einen Chihuahua als Beute betrachten und hetzen. Sein Besitzer sollte deshalb unbedingt eine gute Hundeschule besuchen, vor allem um zu lernen, mit welchen Hunden er seinen Chihuahua unbedenklich spielen lassen kann und wann er ihn beschützen muss. Außerdem erfährt er hier, wie er seinen Chihuahua zuverlässig zurückruft – ebenfalls Grundvoraussetzung für einen entspannten Freilauf. 🐾

INFOS ZUR RASSE

GESCHICHTE: *Der Chihuahua wurde nach der mexikanischen Provinz benannt und zählt zu den ältesten Hunderassen der Welt. Schon bei den Azteken war der kleine Hund beliebter Begleiter der Damenwelt, wurde manchmal allerdings auch gegessen. Heute steht er zum Glück nicht mehr auf dem Speiseplan, dafür aber wird er oft zu Unrecht als »halbe Portion« belächelt.*

TYP: *Begleithund*

FELL: *Kurzhaar: Glatt, dicht, ohne Unterwolle; Langhaar: Weich, fransig, ohne Unterwolle; alle Farben von Weiß bis Schwarz*

GRÖSSE UND GEWICHT: *Schulterhöhe von 15 bis 23 cm, Gewicht: 1,5 bis 3 kg*

GUT GEEIGNET FÜR: *Familien mit größeren Kindern, Singles und Senioren; für kleine Kinder eher ungeeignet, da vor allem die Welpen sehr empfindlich sind; lässt sich sehr gut auch in einer Stadtwohnung halten*

ANFÄLLIG FÜR: *Je kleiner der Chihuahua, desto krankheitsanfälliger ist er; Tiere unter 2 kg leiden oft an einer offenen Schädeldecke, neigen zu Patellaluxation (lockere Kniescheiben), trockener Hornhaut und Problemen mit dem Gaumensegel.*

HALTER-INTERVIEW

Wie lebt es sich mit einem Chihuahua?

SANDRA HEMPELL

Die 40-jährige Erzieherin lebt zusammen mit ihrem Mann, den Kindern Mirko, 13, und Sebastian, 11, in Alzenau bei Aschaffenburg. Zur Familie gehören der achtjährige Willi, ein Cavalier King Charles Spaniel, und Maja, die einjährige Chihuahuahündin.

SIE HABEN ZWEI RASSEN, DIE MAN GEMEINHIN ALS »SCHOSSHUNDE« BEZEICHNET. WIE KAM ES DAZU?
Als unser Schäferhund-Dobermann-Mix im Alter von nur vier Jahren gestorben ist, hat uns das sehr zu schaffen gemacht. Wir wollten danach einen Hund, den man auf keinen Fall mit ihm vergleichen kann, und haben uns dann für den Cavalier King Charles entschieden, auch der logistischen Vorteile wegen. Wenn man mit zwei Kindern und einem großen Hund in Urlaub fährt, kommt der Hund in den Kofferraum, die Kinder sitzen auf dem Rücksitz und das Gepäck … ist ein Problem.

WIE KAM DANN ZU DEM CAVALIER KING CHARLES NOCH DER CHIHUAHUA?
Das kam durch die Hundeschule. Ich habe die Chihuahuas der Züchterin dort erlebt, und die haben mich so begeistert, dass ich die »Herausforderung« Chihuahua ebenfalls wagen wollte.

WIESO IST DENN EIN CHIHUAHUA EINE HERAUSFORDERUNG?
Die erste Herausforderung besteht darin, den Chihuahua trotz seiner Niedlichkeit als Hund zu behandeln, mit ihm spazieren zu gehen und ihn zu erziehen, wie jeden anderen Hund auch. Die zweite Herausforderung ist, dass der Hund so klein ist und man deswegen vieles anders machen muss als bei einem großen Hund. Man muss viel in die Hocke gehen, sich klein machen, man ist viel auf den Knien – und das ist eben anders.

DANN IST ALSO EIN KLEINER HUND NICHT UNBEDINGT LEICHTER ZU ERZIEHEN ALS EIN GROSSER?
Richtig. Man muss auch viel mehr aufpassen, wo man hintritt. Wenn ich einem Schäferhund auf den Fuß trete, tut ihm das zwar weh, aber er wird es verkraften. Wenn ich meiner Maja auf die Füße trete, kann das wirklich schlimm sein.

GIBT ES AUCH VORTEILE?
Man kann Maja fast überallhin mitnehmen. Weil die Leute sie weniger als Hund sehen, gibt es kaum Einschränkungen. Ich durfte Maja sogar schon einmal mit in die Bäckerei nehmen, damit sie bei schlechtem Wetter nicht draußen warten

musste. Sie hat der Verkäuferin einfach leidgetan. Dasselbe wäre mir mit einem Schäferhund bestimmt nicht passiert. Da erwartet man, dass der das aushält. Mit dem hat keiner Mitleid.

WIE VIEL MACHEN SIE MIT MAJA?

Im ersten halben Jahr habe ich fast einen Halbtagsberuf daraus gemacht. Ich habe mir ein bestimmtes Programm vorgenommen: zum Bahnhof gehen, in den Wildpark, zum Schwimmen, Leckerchen suchen, Clickertraining. Das war schon eine Menge Arbeit. Jetzt gehe ich mindestens eineinhalb bis zwei Stunden täglich mit den Hunden raus, und die Kinder spielen mit ihnen im Garten.

KÖNNTEN SIE DAS DENN NICHT ENTSPANNTER ANGEHEN, SCHLIESSLICH IST MAJA EIN SEHR KLEINER HUND?

Ich habe mir vorgenommen, dass mein Chihuahua ein hundegerechtes Leben führen soll. Dazu gehört, dass er draußen Freiheit genießen und ohne Leine laufen darf. Dafür ist ein zuverlässiger Rückruf das A und O, besonders bei einem so kleinen Hund. Denn bei Hundebegegnungen muss ich Maja zurückrufen können, um sie zu beschützen, wenn ich nicht möchte, dass sie ein Leben lang an der Flexileine läuft. Ein Hund, der in der Handtasche sitzt, weil er klein ist und keine Erziehung hat, hat meiner Meinung nach kein hundegerechtes Leben.

HUNDEBEGEGNUNGEN SIND SICHER EIN HEIKLES THEMA, ODER?

Das ist wohl wahr. Man muss sehr gut überlegen, mit welchen Hunden man die Kleine zusammenlässt. Bei größeren wird schnell das Jagdverhalten ausgelöst, und selbst ein freundlicher Tatzenhieb beim Spielen kann für Maja ein Bandscheibenproblem bedeuten. Wenn ein fremder Hund in Sichtweite ist, rufe ich daher meine Hunde zu mir, lasse sie sitzen oder liegen und stelle mich so hin, dass der andere erst mal nicht an sie rankommt. Dann versuche ich, mit dem anderen Hundehalter zu sprechen. Wenn ich den Eindruck habe, dass es okay ist, darf Klein Maja mit jedem Hund Kontakt haben, der uns begegnet. Für unseren King Charles Spaniel gilt das in etwas weniger strengem Maß natürlich auch.

WAS SAGEN DENN DIE KINDER ZU DEM KLEINEN HAUSGENOSSEN?

Meine Kinder sind ja schon größer und daher verständig. Sie wissen, dass sie vorsichtig mit Maja sein müssen. Ich lasse sie aber trotzdem nicht alleine mit den beiden Hunden Gassi gehen, dafür sind sie noch zu jung. Ich weiß ja nicht, wer ihnen unterwegs begegnet. Kinder sind auch nicht so konzentriert und können nicht alles im Auge haben.

WÜRDEN SIE ANDEREN FAMILIEN EINEN CHIHUAHUA EMPFEHLEN?

Das kommt darauf an. Für Familien mit noch sehr kleinen Kindern ist das nichts. Denn ein Chihuahua verleitet einfach dazu, dass man ihn viel herumträgt oder ihn als Spielzeug »missbraucht«. Aber wenn jemand schon etwas ältere Kinder hat, würde ich ihn durchaus empfehlen. Das ist ein ganzer Hund, der ganz normale Spaziergänge machen kann und sehr instinktsicher ist. Maja nimmt sich zum Beispiel Kauknochen, vergräbt sie im Garten und buddelt sie nach vier Wochen wieder aus. Wie ein richtiger Hund eben.

KLEINE HUNDERASSEN

Yorkshire Terrier

Nur Unwissende bezeichnen diesen Hund abfällig als »rennendes Haarteil«. Der echte Yorkshire-Freund dagegen weiß, dass auch im kleinsten Vertreter der Terrierarten das Herz eines Löwen schlägt, selbst wenn er das obligatorische Schleifchen auf dem Kopf trägt. Schließlich war der Yorki ursprünglich nicht als Begleithund in Mode, sondern wurde hauptsächlich zur Ratten- und Kaninchenjagd gehalten. Er ist zwar klein, aber längst keine Mimose. Er kläfft gern, ist lebhaft, fröhlich und vorwitzig – ein richtiger Terrier eben. Als solcher buddelt er leidenschaftlich und ausdauernd nach Mäusen, ist mutig und kann ein ziemlicher Sturkopf sein. So winzig er ist, der Yorki übernimmt in der Familie gerne das Ruder. Oft sind gerade kleine Hunde sehr dominant, weil ihre Besitzer glauben, auf eine konsequente Erziehung verzichten zu können.

Viel Auslauf oder Beschäftigung braucht der Yorkshire Terrier zwar nicht, weshalb er sich auch in der Stadt wohlfühlt. Dreimal täglich muss aber auch er vor die Tür. Wichtig sind dabei Abwechslung und soziale Kontakte zu anderen Hunden. Allerdings neigt er anderen Hunden gegenüber zu Größenwahn und muss daher manchmal vor sich selbst bewahrt werden. Denn was wir Menschen vielleicht noch witzig finden, kommt bei anderen Hunden in der Regel weniger gut an.

Da beim Yorkshire Terrier keine Unterwolle vorhanden ist, zählt er zu den nicht haarenden Terrierrassen. Wer das lange Haarkleid nicht regelmäßig stutzt, braucht jedoch Zeit für eine intensive Fellpflege. Übrigens: Auch wenn Ihr Hausbesitzer ein Hundehaltungsverbot ausgesprochen hat, dürfen Sie sich als Mieter einen Yorkshire Terrier anschaffen, ohne eine Kündigung zu riskieren. Wegen seiner geringen Größe ordnen Richter den Yorki nämlich unter »Kleintiere« ein – und deren Haltung ist auf jeden Fall erlaubt. 🐾

INFOS ZUR RASSE

GESCHICHTE: *Englische und schottische Weber sollen die Rasse im 19. Jahrhundert geschaffen haben, indem sie schottische Terrier wie den Clydesdale oder Paisley Terrier mit Maltesern kreuzten. 1886 entschied der Kennel Club, den Yorkshire Terrier unter diesem Namen anzuerkennen. In Deutschland finden sich die ersten Eintragungen 1912 im Zwerghunde-Zuchtbuch.*

TYP: *Begleithund*

FELL: *Lang, glatt, ohne Unterwolle; Farbe: Lohfarben an Kopf, Brust und Läufen, der Mantel ist stahlblau*

GRÖSSE UND GEWICHT: *Schulterhöhe von 18 bis 23 cm, Gewicht: 2,2 bis 3 kg*

GUT GEEIGNET FÜR: *Familien mit und ohne Kinder, Singles und Senioren*

ANFÄLLIG FÜR: *Je kleiner der Hund, desto anfälliger ist er für Zahnstein, Zahnausfall, Patellaluxation (lockere Kniescheiben) und Luftröhrenkollaps.*

KLEINE HUNDERASSEN

Pekinese

Einen Pekinesen an bestimmte Regeln zu gewöhnen gehört zur hohen Kunst der Hundeerziehung. Denn er besitzt einen unbestechlichen, mutigen, unabhängigen Charakter, ist selbstbewusst und niemals unterwürfig. Ein Untertan ist eher nach seinem Geschmack als ein Besitzer, der ihm Befehle erteilt. Dieses Wesen erklärt sich aus seiner langen Geschichte: Der Pekinese kommt aus China und war früher als Palasthund ausschließlich dem Kaiserhaus vorbehalten. Für die Chinesen war der kleine, wuschelige Kerl ein halbgöttliches Wesen, das angeblich schon Buddha beschützte, indem es sich bei Gefahr in einen Löwen verwandelte. Normalsterbliche mussten sich vor ihm verbeugen, und auf Diebstahl eines Pekinesen stand die Todesstrafe.

Liebhaber dieser Rasse meinen, der Pekinese ähnele vom Wesen her eher einer Katze als einem Hund. Er ist sehr schwer erziehbar, eigensinnig und neigt zu Wutanfällen, was so mancher Tierarzt bestätigen kann. Gelegentlich ist man einfach froh, dass er so klein ist.

INFOS ZUR RASSE

GESCHICHTE: *Vermutlich existierten dem heutigen Pekinesen ähnliche Hunde bereits zu Zeiten Konfuzius', also um 500 v. Chr. Die Rasse erhielt ihren Namen durch die »Verbotene Stadt« in Peking, dem Sitz des Kaiserpalastes. Im Jahre 1893 wurden Pekinesen in Großbritannien zum ersten Mal ausgestellt, ein Jahr später folgte die Anerkennung als Rasse.*

TYP: *Begleithund*

FELL: *Üppiges, dichtes, sehr pflegeaufwendiges Fell, das täglich gebürstet werden muss; außer Albino und Leber sind alle Farbschläge erlaubt*

GRÖSSE UND GEWICHT: *Schulterhöhe von 15 bis 25 cm, Gewicht: 4 bis 6 kg*

GUT GEEIGNET FÜR: *Gemütliche Zeitgenossen, die ihren Vierbeiner gerne pflegen und nicht den Anspruch haben, dass der Hund ihnen aufs Wort gehorcht*

ANFÄLLIG FÜR: *Die vorstehenden großen Augen sind empfindlich, die kurze Nase bedingt Atemnot*

Der Pekinese braucht einen Besitzer, der seine Persönlichkeit akzeptiert und ihn nimmt, wie er ist. Dabei entscheidet er selbst, wann und wem er seine Zuneigung schenkt. Er lässt sich nicht herumkommandieren oder mit Leckerbissen gefügig machen und damit auch kaum ausbilden. Als Familienhund eignet er sich nicht, denn er konzentriert seine Zuneigung lieber nur auf einen Menschen. Kinder würden kaum Freude an ihm haben. Dafür benötigt er wenig Auslauf und fühlt sich auch in einer Etagenwohnung wohl. 🐾

Shih Tzu

Das wohl auffälligste Merkmal des Shih Tzu ist seine wallende Mähne. Lässt man sie nicht schneiden, reicht sie bis über den Boden. Das Deckhaar am Kopf wird üblicherweise hochgebunden oder beschnitten, da es sonst in die Augen fällt, was zu Reizungen führen kann und außerdem die soziale Kommunikation erschwert. Wer sich also gerne mit Haarpflege beschäftigt, ist mit einem Shih Tzu bestens bedient. Scheut man den Aufwand, muss man entweder regelmäßig zum Hundefriseur oder dem Tier einen Kurzhaarschnitt verpassen. Außer der Fellpflege ist beim Shih Tzu eine sorgfältige Kontrolle der Ohren, Augen und des Afters sehr wichtig. Ungepflegte Tiere fangen schnell an zu stinken.

Neben seiner langen Mähne ist der Shih Tzu für sein majestätisches Wesen bekannt: Er ist einerseits fröhlich und anschmiegsam, aber auch eigenwillig und hat eine starke Persönlichkeit. Trotz seiner geringen Körpergröße versteht sich der Shi Tzu nicht als Schoßhund. Er hat eine hohe Meinung von sich selbst, und Gehorsam gehört nicht zu seinen Stärken. Er kann recht stur sein und möchte nicht unbedingt mit alltäglichen Anweisungen belästigt werden. Mit Konsequenz und Geduld ist er natürlich trotzdem zu erziehen. Sein Bewegungsbedürfnis ist auch mit kürzeren Spaziergängen zu stillen. Vor allem die sehr kurznasigen Exemplare sind recht hitzeempfindlich. Dem muss im Sommer unbedingt Rechnung getragen werden. Der Shih Tzu ist der Zwillingsbruder des Lhasa Apso und unterscheidet sich von diesem lediglich durch den leichten Vorbiss und die weißen Abzeichen. ✿

INFOS ZUR RASSE

GESCHICHTE: *Der Shih Tzu ist eine alte tibetische Rasse. Er verkörpert symbolisch den Löwen, eine wichtige buddhistische Leitfigur. Von Tibet aus kam er zunächst nach China, später nach England.*

TYP: *Gesellschafts- und Begleithund*

FELL: *Lang, dicht, mit reichlich Unterwolle; alle Farben erlaubt, weiße Blesse und Rutenspitze erwünscht*

GRÖSSE UND GEWICHT: *Schulterhöhe von 22 bis 27 cm, Gewicht: 4 bis 8 kg*

GUT GEEIGNET FÜR: *Senioren und Menschen, die nicht täglich mehrere Stunden draußen sein wollen, aber Freude an der aufwendigen Fellpflege haben*

ANFÄLLIG FÜR: *Vor allem die sehr kurznasigen Exemplare sind recht hitzeempfindlich, empfindliche Augen, Atemnot aufgrund der kurzen Nase.*

Bichon Frisé

Sein Name kommt aus dem Französischen, bedeutet »gelocktes Schoßhündchen« und beschreibt den Charakter dieses kleinen Kerls sehr gut. Wie alle Vertreter der Bichon-Rassen (→ Seite 64) ist auch der Bichon Frisé ein liebenswerter, verspielter, anhänglicher und zugleich temperamentvoller Gesellschafter. Wegen ihrer fröhlichen Art waren Bichons die Lieblinge adeliger Damen, wurden viel auf Reisen mitgenommen und von Matrosen auf ihren Reisen von Kontinent zu Kontinent häufig als Tauschobjekte benutzt. Gesellschaftshunde waren und sind auf der ganzen Welt beliebt, denn sie dienen schon seit Jahrhunderten ausschließlich dazu, uns Menschen zu erfreuen. Im Gegensatz zu den Gebrauchshunderassen, die ursprünglich als Wach-, Hüte- oder Jagdhunde eingesetzt wurden, benötigen die meist kleinen Gesellschaftshunde zudem kein aufwendiges Beschäftigungs- und Auslastungsprogramm. Stattdessen sind sie in der Regel leicht erziehbar, wenig angriffslustig und verträglich mit Mensch und Tier. Nur weil diese Hunde leicht erziehbar sind, heißt das jedoch nicht, dass sie überhaupt keine Erziehung brauchen. Gerade im Welpenalter sollten sie gut sozialisiert werden und mit allem in Berührung kommen, was sie später antreffen werden. Auch ein Bichon ist ein Hund, der lernen will. Zwar ist er eher ein Vierbeiner zum Kuscheln und Spielen, doch zeigt der kleine Kerl gerne auch einmal, was in ihm steckt, etwa auf dem Hundeplatz bei Agility oder Dog Dancing. Der Bichon Frisé haart nicht und ist damit, ähnlich wie der Pudel, sehr allergikerfreundlich. Allerdings sollte er wenigstens alle zwei Tage gebürstet werden, damit sein Fell nicht verfilzt. Wie alle pflegeaufwendigen Hunde sollte er bereits ab dem Welpenalter an die Fellpflege und das Scheren gewöhnt werden, damit er keine Abneigung dagegen entwickelt.

INFOS ZUR RASSE

GESCHICHTE: *Der Bichon Frisé stammt vermutlich von den Kanarischen Inseln, von wo er im 14. Jahrhundert auf das europäische Festland gebracht wurde. Seine Urahnen waren schon im alten Ägypten bekannt. In den 1930er-Jahren erlebte die Rasse in Frankreich einen erneuten Aufschwung. Nach Deutschland kam er erst 1955.*

TYP: *Gesellschafts- und Begleithund*

FELL: *Dünnes, lockeres, bis zu 10 cm langes Oberfell mit Korkenzieherlöckchen und seidiger Unterwolle; das Fell sollte alle vier bis sechs Wochen professionell geschoren und wenigstens alle zwei Tage gebürstet werden; Farbe: Weiß*

GRÖSSE UND GEWICHT: *Schulterhöhe von 25 bis 30 cm, Gewicht: 5 bis 7 kg*

GUT GEEIGNET FÜR: *Alle Liebhaber kleiner Hunde; der Bichon Frisé passt sich jeder Lebenssituation an. Allerdings braucht er Aufmerksamkeit, Streicheleinheiten und die ständige Nähe seines Menschen. Daher sollte er nicht über längere Zeit alleine sein.*

ANFÄLLIG FÜR: *Es sind keine rassebedingten Erkrankungen bekannt.*

KLEINE HUNDERASSEN

Mops

Die Form eines Lebewesens verrät viel über seine Funktion. Der Mops ist kein normaler Hund, und das sieht man ihm auch an. Er besitzt einen hohen Grad an Neotenie, womit Zoologen einen Charakter beschreiben, bei dem ausgeprägte kindliche Merkmale auch im Erwachsenenalter beibehalten werden. Äußerlich erkennt man solche Individuen an einem ausgeprägten Kindchenschema: runder Kopf, Kulleraugen, Hängeohren und wenig ausgeprägter Fang.

Mit diesem Äußeren gehen gewisse Charaktereigenschaften einher. So bleibt der kindliche Sozial-, Spiel- und Lerntrieb ein Leben lang erhalten, während der für erwachsene Kaniden typische Jagd- und Territorialtrieb so gut wie kaum vorhanden ist. Alles in allem sehr angenehme Eigenschaften für einen Familienhund. Doch so viel Perfektion hat seinen Preis. Die lustigen, lebensfrohen Kerlchen sind zwar das reinste Antidepressivum, doch wenn sie umkippen, weil es zu warm ist, kommen einem die Tränen. Die massiven Eingriffe in die Schädelanatomie bedingen erhebliche Atembeschwerden, Störungen in der körpereigenen Temperaturregulierung und Zahnfehlstellungen. Dass die Hunde entsetzlich schnarchen, ist dagegen vergleichsweise harmlos.

Ein gesunder Mops ist ein fideler, anpassungsfähiger und geselliger Kerl, der seinen Menschen gerne überallhin begleitet und dabei eine gute Figur macht. Sein Wesen zeichnet sich aus durch viel Charme, Würde und Intelligenz. Er ist ausgeglichen, aber trotzdem sehr selbstbewusst, auch gegenüber größeren Hunden, und unterschätzt Gefahrensituationen. Da er selbst überhaupt nicht zu Aggressionen neigt, kann er gut mit anderen Haustieren gehalten werden. Der Mops hat eigentlich immer Hunger, deshalb sollte er sparsam gefüttert werden und genügend Bewegung bekommen. Er ist zwar hin und wieder auch mit einer kurzen Runde um den Block zufrieden, schafft aber mühelos und gerne mehrstündige Touren – vorausgesetzt, es ist nicht zu heiß. 🐾

INFOS ZUR RASSE

GESCHICHTE: *So ungewöhnlich es klingt, aber der Mops zählt zu den ältesten Hunderassen der Welt. Ursprünglich aus China stammend, kam er auf Handelswegen im 16. Jahrhundert nach Europa.*

TYP: *Gesellschafts- und Begleithund*

FELL: *Kurz, fein, glatt, recht stark haarend; regelmäßiges Bürsten und gründliches Säubern der Hautfalten nötig; Farben: Silber, Apricot, Hellfalbfarben (jeweils mit dunkler Maske), Schwarz*

GRÖSSE UND GEWICHT: *Schulterhöhe von 25 bis 32 cm; Gewicht: 6,5 bis 8,5 kg*

GUT GEEIGNET FÜR: *Senioren und Familien mit nicht zu kleinen Kindern; fühlt sich in der Stadt und auf dem Land wohl*

ANFÄLLIG FÜR: *Augenentzündungen, Haut- und Atemwegserkrankungen, Übergewicht*

HALTER-INTERVIEW

Wie lebt es sich mit einem **Mops?**

CHRISTIANE AMANN-BOBE

Familie Bobe leitet einen Werkzeugmaschinenhandel in München. Die 34-jährige Christiane Amann-Bobe hat einen neun Monate alten Sohn, Leopold. Zur Familie gehört außerdem Theo, ein zweieinhalbjähriger Mopsrüde.

IST THEO IHR ERSTER HUND?
Nein, ich bin schon mit Hunden aufgewachsen. Als Kind hatten wir zu Hause einen Dackel, danach einen Schnauzer-Terrier-Mix und, als der gestorben war, einen Bearded Collie.

WARUM HABEN SIE SICH JETZT FÜR EINEN MOPS ENTSCHIEDEN?
Das war der Wunsch meines Mannes. Er lag mir schon seit Jahren damit in den Ohren, dass er unbedingt so einen Hund haben möchte. Ich wäre eher wieder auf den Dackel gekommen. Erst nachdem ich mich informiert und mit Züchtern gesprochen hatte, habe ich mein Okay gegeben. Und ich bereue die Entscheidung keinen Tag.

WAS HAT SIE SO POSITIV ÜBERRASCHT?
Theos Persönlichkeit, sein Charakter. Er hat seine eigenen Vorstellungen und Ideen, die er ständig einbringt und verwirklichen möchte. Er teilt sich mit, das ist fast schon menschlich zu nennen. Außerdem hat mich überrascht, wie agil dieser Hund ist. Ich hatte immer die Vorstellung, ein Mops säße behäbig auf dem Sofa und ginge höchstens einmal um den Block. Dabei geht Theo wahnsinnig gerne spazieren und genießt die Bewegung. Sein bester Freund ist ein Vizsla, und mit dem rast er locker zwei Stunden durch die Gegend. Danach bringt er mir zu Hause noch sein Bällchen zum Spielen. Außerdem liebt Theo Ball- und Frisbeespielen und apportiert bis zur körperlichen Erschöpfung.

HAT THEO PROBLEME MIT DER ATMUNG, WENN ER SICH SO VERAUSGABT?
Wenn er viel tobt und insbesondere wenn es draußen warm ist, muss er schon arg schnaufen. Aber er kriegt es hin.

HABEN SIE SICH VOR DER ENTSCHEIDUNG FÜR EINEN MOPS MIT DEM THEMA »QUALZUCHT« BESCHÄFTIGT?
Ja, und eigentlich wollten wir einen sogenannten »Sportmops« kaufen, so nennt man die Linie mit der längeren Nase, die etwas freier atmen kann. Wir haben aber feststellen müssen, dass der »Sportmops« so begehrt ist, dass es auch hier viele unseriöse Anbieter gibt. Wir haben uns dann doch für einen »konventionellen« Mops entschieden.

KONNTEN SIE MIT DEN ZÜCHTERN OFFEN ÜBER DIESES THEMA REDEN?

Nein, wie soll das gehen? Jeder Züchter erzählt nur das Beste von seinen Hunden. Die meisten haben damit geworben, dass ihr Mops wenig Probleme mit der Atmung habe und dass sie natürlich darauf achten, dass der Hund möglichst gesund ist. Im Endeffekt muss man sich die Zuchtstätten und die Elterntiere sehr genau anschauen und sich selbst ein Bild machen.

IST ES EIGENTLICH LEICHT, EINEN MOPS ZU ERZIEHEN?

An den Mops habe ich ganz andere Ansprüche als zum Beispiel an den Bearded Collie. So ein großer Hund muss natürlich anders »funktionieren«. Diese Nachlässigkeit nutzt Theo schamlos aus. Auch sonst ist die Erziehung nicht unbedingt einfacher, weil er einen sehr starken Charakter hat. Es ist nicht so, dass er nicht könnte. Er will nicht. Er kennt die üblichen Hörzeichen, aber ist nicht bereit, sie auszuführen. Es sei denn, er hat gerade Lust dazu. Und wenn er mich dann auch mit diesem gewissen Blick anschaut, gebe ich nach und denke: »Ja mei, er muss ja auch nicht wirklich …«

WIE HAT THEO REAGIERT, ALS LEOPOLD IN DIE FAMILIE KAM?

Bis zur Geburt unseres Sohnes war Theo natürlich die absolute Nummer eins. Doch plötzlich saß Leopold an seiner statt auf meinem Schoß. Eine Zeit lang hat Theo deshalb sehr vehement auf sich aufmerksam gemacht, so nach dem Motto: »Vergesst mich nur ja nicht!« Mittlerweile hat er Leopold aber als Familienzuwachs akzeptiert und bewacht draußen sogar den Kinderwagen. Auch das hätte ich ihm nicht zugetraut.

WIE REAGIEREN DIE LEUTE AUF DER STRASSE AUF EINEN MOPS?

Ich wurde definitiv noch nie so häufig auf meinen Hund angesprochen wie mit dem Mops, meistens von Liebhabern der Rasse. Negative Erfahrungen habe ich bisher nicht gemacht. Manchmal brummelt jemand im Vorbeigehen: »Ist der hässlich!« oder »Der arme Hund«, aber direkt angesprochen hat mich so noch niemand.

WÜRDEN SIE ANDEREN FAMILIEN ZU DIESER RASSE RATEN?

Ja, ich würde allerdings darauf hinweisen, dass dieser Hund um einiges aktiver ist, als man denkt. Er braucht Bewegung und viel Aufmerksamkeit. Man tut dem Hund einen Riesengefallen, wenn man oft mit ihm unterwegs ist.

VON WELCHEN SCHWIERIGKEITEN KÖNNEN SIE BERICHTEN?

Ich habe Theo kastrieren lassen, weil er ständig andere Rüden angefallen hat. Er hat sich so geprügelt, dass ich schon dachte, ich hätte einen Terrier gekauft. Mit jedem hat er sich angelegt, egal wie groß er war, und ab und zu auch Bisswunden abbekommen. Ich hatte Angst, dass das mal richtig ins Auge geht und Theo ernsthaft verletzt wird. Nach der Kastration ist es sehr viel besser geworden. Aber er riecht heute noch drei Kilometer gegen den Wind, wenn er einen ganz gutmütigen Hund vor sich hat, und geht den immer noch ein bisschen an.

Französische Bulldogge

Weltweit gibt es, grob geschätzt, an die 20 Bulldoggen-Rassen, von denen der Verband für das Deutsche Hundewesen (VDH) allerdings nur zwei anerkennt: die Englische und die Französische. Letztere zählt mit ihrem Knautschgesicht, Stupsnase, Kulleraugen und Segelohren eindeutig zu den Charakterköpfen unter den Hunden. Der Mops gab ihr die Augen, vom Spitz hat sie das Kecke, der Terrier steuerte seine Gelenkigkeit bei – so besagt es zumindest die Legende, genau weiß das heute niemand mehr. Überzüchtung führte leider dazu, dass der charakteristische Kopf mit der Zeit immer größer, ihre Nase immer platter, der Oberkörper immer breiter und die Beine kürzer wurden. Die Folgen sind Probleme mit der Atmung, den Knochen und dem Herz. Dabei hat der kleine Franzose etwas mehr Glück als sein englischer Vetter. Er behielt zumindest seinen recht beweglichen Körper und ist bei Weitem nicht so schnell außer Atem wie sein britischer Verwandter. Doch die auf rein äußerliche Merkmale gerichtete Zuchtauswahl ging auch an ihm nicht spurlos vorüber. Rund 40 Prozent der Welpen werden per Kaiserschnitt geboren, weil ihre Köpfe zu dick sind oder das Becken der Muttertiere zu eng ist. Und das typische Schnarchen der Franzosen finden manche Halter zwar gemütlich und niedlich, es kann aber zu Atemnot und Hitzschlaggefährdung führen. Wer sich für eine Französische Bulldogge entscheidet, sollte sich daher nach einem Züchter umsehen, dem die Gesundheit seiner Tiere wichtiger ist als die Optik, und einen Welpen ohne übertriebene Rassemerkmale wählen.

Charakterlich scheint die Französische Bulldogge aus lauter Gegensätzen zu bestehen. Als ehemaliger Bullenbeißer lässt sie sich nur schwer beeindrucken. Andererseits liebt sie als Gesellschaftshund die angenehmen Seiten des Lebens, ist anschmiegsam und lässt sich gerne verwöhnen. Auch ihr Äußeres täuscht: Sie ist keinesfalls so grimmig wie es ihr Gesichtsausdruck vermuten lässt, sondern vielmehr munter, verspielt und anhänglich. Zudem ist sie stets zu einem Schabernack bereit und strahlt dennoch Ruhe und Würde aus. Manche Bullies sind ziemlich eifersüchtig. Aggressionstendenzen, die vor allem bei Rüden hin und wieder auftreten, sollten schon im Keim erstickt werden. ❦

Französische Bulldogge

INFOS ZUR RASSE

GESCHICHTE: *Nachdem Hundekämpfe 1835 in England offiziell verboten wurden, züchteten Hundebesitzer aus einfachen Bevölkerungsschichten eine kleine Bulldogge. Weber und Spitzenklöppler brachten sie gegen Ende des 19. Jahrhunderts von Großbritannien nach Frankreich, wo einheimische Hunde wie Terrier und Griffon eingekreuzt wurden. Der erste Rasseverein wurde 1880 in Paris gegründet. Der erste Standard 18 Jahre später erstellt, im gleichen Jahr erfolgte auch die offizielle Anerkennung der Rasse. Der deutsche Bully-Club wurde 1903 gegründet.*

TYP: *Begleithund*

FELL: *Kurz, dicht ohne Unterwolle, Augen- und Nasenfalten müssen sauber gehalten werden; viele Farbschläge, zugelassen sind: fauve beziehungsweise falbfarben, gestromt, gescheckt, weiß und Fauve-Schecke*

GRÖSSE UND GEWICHT: *Schulterhöhe von 30 bis 32 cm, Gewicht: 8 bis 14 kg*

GUT GEEIGNET FÜR: *Idealer Wohnungshund; als Sportbegleiter ist die Französische Bulldogge schlecht geeignet, Radfahren und längeres Joggen sind aufgrund ihrer Anatomie nicht möglich*

ANFÄLLIG FÜR: *Augenentzündungen, Atemprobleme, Hautprobleme, Überhitzung*

Boston Terrier

Die meisten sehr schlauen Hunde eignen sich nicht für Anfänger. Der Boston Terrier macht da eine Ausnahme, denn er verzeiht Erziehungsfehler, anstatt sie auszunutzen, und ist niemals bösartig oder nachtragend. Er ist sehr menschenbezogen, lebhaft, höchst intelligent und pflegeleicht. Viele dieser Hunde zeigen zudem kaum Interesse an der Jagd. Sie scheinen andere Tiere einfach nicht als Beute wahrzunehmen.

Der Boston heißt zwar »Terrier«, ist aber keiner, sondern gehört offiziell zu den doggenartigen Hunden. Er ist ein unterhaltsamer, ausdauernder Begleithund und macht selbst große Wanderungen mit. Auch für Hundesportarten wird er sich begeistern, wenn man ihm die Chance gibt, an solchen Kursen teilzunehmen. Die Kehrseite dieses Prachtstücks: Durch gezielte Zuchtauslese kam es zu einer immer stärkeren Verkürzung des Schädels, ganz besonders der Nase. Dadurch leiden Boston Terrier häufig unter Kurzatmigkeit und Atemproblemen. Achten Sie daher beim Kauf unbedingt darauf, dass Eltern und Welpe eine sichtbare Nase haben und die Nasenlöcher nicht nur schmale Schlitze, sondern möglichst rund sind. Außerdem hat der Boston Terrier von Geburt an eine extrem kurze Rute, was ihn für Menschen und für andere Hunde schwerer »lesbar« macht. Ansonsten ist der Boston ein äußerst angenehmer Hausgenosse und ein gut zu führendes kleines Kraftpaket. 🐾

INFOS ZUR RASSE

GESCHICHTE: *Die Urväter des Boston Terrier waren englische Terrier und Bulldogen, die Einwanderer in die USA mitbrachten. Die neue Rasse wurde 1878 erstmals auf einer Ausstellung in Boston vorgestellt. Um den neuen Hundetyp vom Bullterrier abzugrenzen, wurde er erst in Boston Bullterrier und schließlich in Boston Terrier umbenannt. 1893 wurde die Rasse offiziell anerkannt.*

TYP: *Begleithund*

FELL: *Kurz, ohne Unterwolle; gestromt, schwarz oder seal (je mit weißer Zeichnung)*

GRÖSSE UND GEWICHT: *Drei Gewichtsklassen: leicht (unter 7 kg), mittel (7 bis 9 kg) und schwer (9 bis 11 kg), die Schulterhöhe variiert zwischen 36 und 42 cm*

GUT GEEIGNET FÜR: *Anfänger, Familien mit Kindern, Senioren*

ANFÄLLIG FÜR: *Geburtsschwierigkeiten, Kurzatmigkeit, Hitzschlag*

Dackel

Glaubt man dem Deutschen Teckelclub, ist der Dackel »im Wesen einer der eigenartigsten Hunde, gleichsam eine Kreuzung aus Liebenswürdigkeit, Übermut und Weltschmerz, Tatendurst, Gleichmut und Empfindsamkeit, Winzigkeit und Größenwahn«. Oder anders ausgedrückt: Einen Dackel zu halten ist fast eine Philosophie. Erstens ist der Dackel nach wie vor ein passionierter, flinker Jagdhund. Diesen Trieb gilt es möglichst früh in den Griff zu kriegen. Zweitens ist dieser Hund ausgesprochen schlau und extrem starrköpfig. Es gibt kaum eine Rasse, die sich Vorschriften so beharrlich widersetzt. Führungsschwäche erkennt ein Dackel sofort und nutzt sie schamlos aus. Als Drittes kommt hinzu: Dem Dackelblick zu widerstehen ist fast unmöglich – konsequente Erziehung daher auch.

Der Teckel, wie er in der Jägersprache heißt, ist zwar klein, hat dafür aber eine ziemlich große »Klappe«. Das heißt, er kläfft gerne und zeigt sich mitunter recht angriffslustig. In Kombination mit seinem natürlichen Misstrauen sind das gute Eigenschaften für einen Wachhund. Die »Mir-kann-keiner-was«-Haltung ist typisch für ihn. Für die Baujagd braucht man eben nicht nur kurze Beine, sondern muss mutig, selbstständig und beharrlich sein. Eigenschaften, die dem Dackel den Ruf eines Sturkopfes eingebracht haben und ihn charakterlich in die Nähe der Terrier rücken. Wer sich ohne Scheu mit einem Fuchs anlegt, braucht schon eine große Portion Selbstbewusstsein.

Trotz seiner geringen Beinlänge benötigt dieser Hund Bewegung mit ausreichend Zeit zum Schnuppern und Stöbern. Zu Hause sollte der Schlaukopf mit diversen geistigen Herausforderungen auf Trab gehalten werden. Wer mit seinem Dackel nicht auf die Pirsch gehen möchte, ist gut beraten, sich eine seit Generationen nicht jagdlich gezüchtete Linie zu suchen. 🐾

INFOS ZUR RASSE

GESCHICHTE: *Der erste Standard wurde 1879 für den Kurzhaardackel festgelegt. Seine Vorfahren sind Bracke und Pinscher. Beim Langhaardackel wurde der Wachtelhund eingekreuzt, beim Rauhaarteckel Schnauzer und Terrier.*

TYP: *Jagd- und Begleithund*

FELL: *Kurzhaar: dicht, glatt, anliegend, rot, rotgelb, gelb (je auch mit Stichelung), schwarz-lohfarben; Langhaar: glatt, weich, anliegend, in Rot, Rotgelb, Gelb (jeweils Stichelung möglich), Schwarz-Lohfarben; Rauhaar: harsch mit dichter Unterwolle, in Rot, Dachs- oder Saufarben*

GRÖSSE UND GEWICHT: *Als Normalschlag, Zwerg- und Kaninchendackel; Schulterhöhe von 17 bis 27 cm, Gewicht: 3 bis 9 kg*

GUT GEEIGNET FÜR: *Familien mit größeren Kindern, Singles und Senioren*

ANFÄLLIG FÜR: *Bandscheibenprobleme, rheumatische Erkrankungen, Netzhauterkrankungen, Ohrenentzündungen; bei Treppen immer tragen, sonst besteht erhöhte Gefahr der Dackellähme*

KLEINE HUNDERASSEN

Malteser

Malteser, Havaneser, Bologneser, Löwchen, Bolonka zwetna, Bichon Frisé und Coton de Tuléar: sie alle zählen zu den sogenannten Bichon-Rassen. »Bichon« kommt aus dem Französischen und bedeutet »Schoßhündchen«. Optik und Wesen dieser Hunde sind darauf ausgerichtet, das Pflege- und Zärtlichkeitsbedürfnis seiner Besitzer zu befriedigen. Der Malteser ist die beliebteste und älteste der Bichon-Rassen, vermutlich gehört er zu den ältesten Hunderassen überhaupt. Seit ca. 2000 Jahren dient er als purer Stimmungsaufheller, und das scheint mittlerweile in seine Genetik übergegangen zu sein. Freundlichkeit ist ihm in die Wiege gelegt und der Jagdtrieb kaum noch vorhanden.
Der aufgeweckte, lustige und sanfte Hund braucht für sein seelisches Gleichgewicht keine langen Spaziergänge und kein ausgefeiltes Beschäftigungsangebot, sondern

INFOS ZUR RASSE

GESCHICHTE: *Der Ursprung des Hunds geht zweifellos auf das alte Ägypten zurück. So wurde eine Statuette, die einen Bichon mit glattem Fell darstellt, aus der Zeit der Herrschaft Ramses' II. um 1200 v. Chr. entdeckt.*

TYP: *Gesellschafts- und Begleithund*

FELL: *Lang und ohne Unterwolle, tägliches Bürsten und Kämmen sind unerlässlich; Farbe: Weiß, elfenbeinfarbene Tönung ist erlaubt, aber nicht erwünscht*

GRÖSSE UND GEWICHT: *Schulterhöhe von 19 bis 26 cm, Gewicht: 3 bis 4 kg*

GUT GEEIGNET FÜR: *Anfänger und Menschen, die bei schlechtem Wetter auch mal auf dem Sofa liegen bleiben möchten*

ANFÄLLIG FÜR: *Es sind keine rassetypischen Krankheiten bekannt.*

---

den engen Kontakt zu seinen Menschen. Er hängt sehr an seiner Bezugsperson und folgt ihr meist auf Schritt und Tritt. Das sollte man berücksichtigen, wenn man sich für einen Malteser entscheidet. Ansonsten ist es leicht, mit dieser Art Hund zu leben. Er erhebt keinen Anspruch auf ein eigenes Tagesprogramm, sondern möchte an allem teilhaben und gibt sich große Mühe zu gefallen. Der Malteser spielt bis ins hohe Alter gern, lernt neue Sachen und eignet sich hervorragend als Familienhund. Weil er keinen Fellwechsel hat, haart er kaum. Allerdings muss das glatte, bodenlange Seidenhaar täglich gekämmt, die Augen jeden Morgen und der Bart nach jeder Mahlzeit gereinigt sowie die Afterregion sauber gehalten werden. 🐾

West Highland White Terrier

In der Vergangenheit wurden niederläufige Terrier in Schottland traditionell vor allem zur Jagd auf Füchse eingesetzt. Je nach Region bildeten sich vier schottische Terrierrassen heraus: der Cairn, der Skye, der Scottish und der West Highland White Terrier. Heute ist der Westi längst kein Jagdhund mehr, sondern eine Modeerscheinung. Man sollte sich von seinem Äußeren jedoch nicht täuschen lassen. Spätestens seit der Lektüre von Asterix und Obelix ist klar, dass man einen Westie nie unterschätzen sollte. Denn in jedem fein gemachten Idefix von heute steckt noch immer ein kerniger schottischer Arbeitsterrier, der eigenständig handelt und stets Flausen im Kopf hat. Als waschechter Terrier weiß ein Westi nicht, wie man das Wort »schüchtern« überhaupt buchstabiert. Der ausdauernde Kerl mit dem kecken Gesichtsausdruck ist aktiv, robust, unerschrocken, aber bei aller Wachsamkeit und allem Mut trotzdem freundlich. Diese Polarität macht das Wesen des kleinen Schotten aus. Einerseits geht er auf der Jagd selbst wehrhaftes Wild an, ist entschlossen und selbstständig, andererseits anhänglich, freundlich und verspielt gegenüber dem Menschen. Typisch Terrier, besitzt er einen ziemlichen Dickkopf, ist nicht leicht zu beeindrucken und hat seine eigenen Ansichten über Gehorsam. Er ist aber auch aufmerksam und unkompliziert im Umgang mit Kindern. So wie sie liebt er Spiele und Spielzeug und braucht eine konsequente, aber liebevolle Erziehung. Gemessen an seiner Größe, hat er zudem ein hohes Laufbedürfnis, ist also kein Hund für Stubenhocker.

INFOS ZUR RASSE

GESCHICHTE: *Hunde, die wie die heutigen Westis aussehen, sind schon auf Gemälden aus dem 19. Jahrhundert zu sehen. 1905 wurde in Schottland der erste West Highland White Terrier Club gegründet. Der damals aufgestellte Rassestandard hat sich seitdem kaum verändert.*

TYP: *Begleithund*

FELL: *Hart, drahtig mit Unterwolle, muss mehrmals im Jahr getrimmt werden; weiß*

GRÖSSE UND GEWICHT: *Schulterhöhe von 27 bis 31 cm, Gewicht: 7 bis 10 kg*

GUT GEEIGNET FÜR: *Familien sowie ältere und alleinstehende Menschen*

ANFÄLLIG FÜR: *Patellaluxation (lockere Kniescheiben), Kiefermissbildungen, Allergien, Lebererkrankungen; Globoidzell-Leukodystrophie (Stoffwechselerkrankung des Gehirns)*

Cavalier King Charles Spaniel

Der Cavalier King Charles wurde aus dem King Charles Spaniel herausgezüchtet, mit dem er vom Laien hin und wieder verwechselt wird. Er ist jedoch größer als sein Verwandter und hat einen längeren Fang, was ihm einige gesundheitliche Probleme erspart.

INFOS ZUR RASSE

GESCHICHTE: *Der kleine Jagdhund wurde im 16. Jahrhundert zu einer beliebten Rasse beim englischen Adel. Ihr Name geht auf den König Charles I. zurück, unter dessen Herrschaft in der ersten Hälfte des 17. Jahrhunderts die Zucht ausgeweitet und verbessert wurde. Die erste Eintragung des Cavalier King Charles im englischen Kennel-Club-Zuchtbuch findet sich 1892.*

TYP: *Begleithund*

FELL: *Lang, seidig und reich befranst, trotzdem genügt gelegentliches Kämmen; zugelassene Farben: Black and Tan (Schwarz-Loh), Ruby (einfarbig Rot), Blenheim (braune Abzeichen bei weißer Grundfarbe) oder Schwarz-Rot-Braun*

GRÖSSE UND GEWICHT: *Schulterhöhe von 30 bis 34 cm, Gewicht: 5 bis 9 kg*

GUT GEEIGNET FÜR: *Anfänger, Familien mit Kindern und ältere Menschen*

ANFÄLLIG FÜR: *Herzklappeninsuffizienz; Ohrmuscheln und äußerer Gehörgang sollten möglichst zweimal wöchentlich mit einem Papiertaschentuch ausgewischt werden, sonst kann es aufgrund der schlechten Belüftung zu Entzündungen kommen.*

Der Cavalier ist ein Hund wie aus dem Bilderbuch: Er hat den Liebreiz eines Welpen, die handliche Größe einer Aktentasche, ist agil und sportlich wie ein Jagdhund und anhänglich wie ein Schatten. Wer also einen unkomplizierten, freundlichen, menschenbezogenen und sanftmütigen Familienhund sucht, liegt mit dieser Rasse genau richtig. Sein weiches, anmutiges Äußeres entspricht ganz dem Wesen des kleinen Spaniels: Er lernt schnell und ist ebenso schnell geneigt, sich an das Gelernte zu halten. Aggressionen oder Dominanzverhalten sind ihm völlig fremd. Er ist ein Hund, den man ungestraft verwöhnen darf, denn er nutzt es nicht aus. Im Gegenteil, der kleine Spaniel hat einen ausgeprägten Willen zu gefallen und ist auf seine Menschen regelrecht »programmiert«. Er ist friedlich, zuvorkommend und leicht zu erziehen. Dabei ist er fröhlich, unbefangen, in keiner Weise nervös, ängstlich oder unsicher, passt in jede Wohnung, ist zu jedermann freundlich und dabei auch noch hübsch anzusehen – was will man mehr?

Der Cavalier King Charles ist zwar klein, aber dennoch ein echter Spaniel, der Herumtoben und ausgedehnte Spaziergänge liebt. Weil er seit vielen Generationen als reiner Begleithund gehalten wird, hält sich sein Jagdtrieb dabei in Grenzen. Auch wenn er kein Laufhund ist, der täglich viele Kilometer absolvieren muss, um ausgeglichen zu sein, ein Leben als Couchpotato liegt ihm trotzdem nicht. Da er außerdem sehr sozial ist, braucht er den Kontakt mit anderen Hunden auf Spaziergängen. 🐾

KLEINE HUNDERASSEN

Tibet Terrier

Der Name ist irreführend, denn bei dieser Rasse handelt es sich nicht um einen Terrier, sondern um einen robusten Hirtenhund, der ursprünglich aus der Bergwelt Tibets stammt und dort selbst in 5000 Metern Höhe das Vieh hütete. Noch im 20. Jahrhundert lebte die Rasse fast unangetastet in der Abgeschiedenheit des tibetischen Hochlandes. Nur manchmal berichteten Forschungsreisende über sie. Entsprechend zäh und widerstandsfähig ist dieser Hund.

Eine englische Ärztin, die eine Zeit lang in Indien lebte, brachte die ersten Tibet Terrier Mitte des 20. Jahrhunderts nach Europa und begründete eine Zucht. Ihrem Engagement ist die Registrierung dieser Rasse zu verdanken – zunächst in Indien, später auch in England. Von der Insel kamen 1939 die ersten Hunde auch zu uns nach Deutschland.

Der Tibet Terrier ist kein Schoßhund. Er ist vielmehr ein sehr agiler, lauf- und sprungfreudiger Arbeits- und Familien-

Tibet Terrier

INFOS ZUR RASSE

GESCHICHTE: *Schon seit 2000 Jahren sollen Tibet Terrier in den Klöstern und Dörfern Tibets gezüchtet worden sein. Die Sage erzählt, dass im 14. Jahrhundert der Weg zu dem Tal, in dem Tibet Terrier lebten, durch ein Erdbeben verschüttet wurde. Seitdem heißt dieses Tal »Das verlorene Tal« oder »Shangri-La«. Weil der einzige Karawanenweg unwegsam und voller Gefahren war, gab man Reisenden für den Rückweg manchmal ein kleines Hündchen als beschützenden Glücksbringer mit. Niemals jedoch konnte man damals einen solchen Hund von Tibetern käuflich erwerben.*

TYP: *Gesellschaftshund*

FELL: *Lang mit feiner Unterwolle und üppigem, dichtem Deckhaar; das Fell des Tibet Terriers muss nicht getrimmt oder geschnitten werden, sondern wird mit Kämmen und Bürsten gepflegt, die Schere kommt nur zum Einsatz, wenn das Kopfhaar gekürzt werden soll oder um die Haarspitzen zu schneiden; Farben: zulässig sind alle Farben außer Schokoladenbraun*

GRÖSSE UND GEWICHT: *Schulterhöhe von 35,5 bis 40,5 cm; Gewicht: 8 bis 14 kg*

GUT GEEIGNET FÜR: *Anfänger, die allerdings die nötige Konsequenz zur Erziehung und genügend Zeit zur Beschäftigung dieses agilen Hundes mitbringen sollten.*

ANFÄLLIG FÜR: *Hüftgelenksdysplasie, Patellaluxation (lockere Kniescheiben)*

hund, der beschäftigt werden möchte. Der freundliche Kerl will lernen und gefordert werden, man kann nahezu jeden Sport mit ihm machen. Seine Erziehung stellt den Besitzer schon einmal auf eine harte Geduldsprobe, denn der kompakte Wuschel kann mitunter recht dickköpfig sein.
Der Tibet Terrier ist ein aufmerksamer, zuverlässiger Wachhund, der aber weder aggressiv noch streitlustig ist. Er ist sehr anhänglich und kinderlieb, aber Fremden gegenüber zurückhaltend. Wie alle zottel- und langhaarigen Hunde ist er jedoch nichts für Hygienefanatiker. Auch die Fellpflege darf nicht unterschätzt werden. Der Hund sollte daher unbedingt daran gewöhnt werden, sich widerstandslos kämmen und bürsten zu lassen, da er ansonsten hoffnungslos verfilzt.
Nicht zuletzt sollten Sie vor der Anschaffung bedenken, dass der Tibet Terrier zu den langlebigsten Hunderassen zählt; 15 bis 16 Jahre bei bester Gesundheit sind keine Seltenheit. 🐾

Cairn Terrier

Er ist weder ein Stubenhocker noch ein Spielzeug: der Cairn Terrier ist Schotte! Das heißt, er ist furchtlos, hart im Nehmen und unabhängig. Die ersten Exemplare seiner Art liefen in ihrer Heimat, den schottischen Highlands, munter jagend über Stock und Stein und bekamen daher auch ihren Namen (»Cairn« bedeutet auf Englisch Steinhaufen oder Steinwall). Die Aufgabe der zähen Hunde war es, kleines Raubzeug wie Rabenkrähen oder Elstern zu fangen, die sich gerne in dem unwegigen Gelände versteckt hielten. Die genügsamen Cairns wurden in Meuten gehalten und waren schon damals Artgenossen gegenüber sehr verträglich. Liebhaber der Rasse ordnen die einzelnen Buchstaben des Namens gern bestimmten Eigenschaften zu: »C« für charakterstark, »A« für aktiv, »I« für intelligent, »R« für robust, »N« für natürlich und nicht nachtragend. Blinden Gehorsam kann man von einem Cairn Terrier allerdings nicht erwarten, schließlich sollte er unabhängig jagen und Entscheidungen alleine treffen. Typisch Terrier, lässt er sich Regeln gern mehrmals erklären, bevor er sie akzeptiert. Fremden Menschen und neuen Situationen begegnet er selbstsicher, aber nicht aggressiv. Hat er jedoch schlechte Erfahrungen gemacht, können die negativen Eigenschaften des Terriers durchschlagen: Der Cairn kann dann griffig werden und zuschnappen. Als Bauhund gestaltet er zudem gerne den Garten um – nicht immer im Sinne des Besitzers. Er ist jedoch ein fröhlicher, kerniger Tausendsassa und eignet sich hervorragend für Familien mit Kindern, wenn die Eltern es schaffen, konsequent zu bleiben und sich von den Knopfaugen nicht um den Finger wickeln lassen. Weil der Cairn so niedlich aussieht, besteht nämlich schnell die Gefahr, dass man ihm mehr verzeiht, als ihm guttut. Außerdem sollte sich dieser Hund, auch wenn er recht klein ist, täglich mindestens eine Stunde bewegen dürfen, besser mehr. Weil er Aufgaben braucht, liebt er Beschäftigungen wie zum Beispiel Agility, Trickschule oder Fährtenarbeit. 🐾

INFOS ZUR RASSE

GESCHICHTE: *Vermutlich wurden seine Vorfahren schon seit über 300 Jahren als Schädlingsvertilger gehalten, auf einer Ausstellung wurde die Rasse allerdings erst 1909 präsentiert. In der 1930er-Jahren wurde sie populär, weil die englische Königsfamilie sich Cairns hielt.*

TYP: *Familien- und Begleithund*

FELL: *Üppiges, harsches Deckhaar mit dichter, weicher Unterwolle; sollte wöchentlich gekämmt werden, da der Cairn von sich aus kaum Fell verliert. Viermal im Jahr ist Trimmen beim Hundefriseur fällig. Farben: Creme- und Weizenfarben, Rot, Grau, fast Schwarz (jeweils gestromt)*

GRÖSSE UND GEWICHT: *Schulterhöhe von 28 bis 31 cm, Gewicht: ca. 6 bis 8 kg*

GUT GEEIGNET FÜR: *Familien, die sich auch bei schlechtem Wetter gern draußen bewegen und einen kleinen, aber aktiven Hund suchen*

ANFÄLLIG FÜR: *Patellaluxation (lockere Kniegelenke) und Leukodystrophie (Stoffwechselerkrankung des Gehirns)*

Zwergpinscher

Der Zwergpinscher, auch Rehpinscher genannt, ist das exakte verkleinerte Abbild des Deutschen Pinschers. Er ist äußerst pflegeleicht, anhänglich und besitzt alle praktischen Vorzüge eines Kleinhundes. Wer ihn allerdings wie einen niedlichen Schoßhund behandelt, wird bald sein blaues Wunder erleben. Denn sein Selbstbewusstsein ist überproportional zu seiner Größe ausgebildet. Er ist ein handfester Bursche, der schnell auch mal zupackt (»to pinch« kommt aus dem Englischen und bedeutet »kneifen« oder »zwicken«). Und genau das tut er, wenn er nervös oder unsicher ist oder wenn er meint, sich und seine Menschen verteidigen zu müssen. Wird er nicht richtig sozialisiert und erzogen, kann das bedeuten, dass man einen aggressiven Kläffer im Haus hat. Daher ist es wichtig, vom ersten Tag an konsequent zu sein und unerwünschtes Verhalten nicht zu dulden. So schwer es auch fällt, keinesfalls sollte man dem kleinen Teufel zu viel durchgehen lassen und ihn zu sehr verwöhnen. Davon abgesehen eignen sich Zwergpinscher gut für den Hundesport. Sie sind aufmerksam, lebhaft und verspielt und möchten gerne arbeiten.

INFOS ZUR RASSE

GESCHICHTE: *Der aus Fulda stammende Kynologe Josef Berta begann um 1895 mit der Reinzucht. Zwergpinscher waren zu dieser Zeit als Salonhunde adeliger Damen groß in Mode und konnten gar nicht zart und klein genug sein. Zum Glück blieb das Zuchtideal nicht beim kleinen, zittrigen Schoßhündchen. Heute soll der Zwergpinscher aussehen wie ein Pinscher im Taschenformat.*

TYP: *Begleithund*

FELL: *Kurz, anliegend und ohne Unterwolle, daher braucht der Zwergpinscher bei schlechtem Wetter unbedingt eine Jacke oder einen Mantel; Farben: Hirschrot, Schwarz-Lohfarben, Braun, und Schwarz-Rot*

GRÖSSE UND GEWICHT: *Schulterhöhe von 25 bis 30 cm, Gewicht: 3 bis 5 kg*

GUT GEEIGNET FÜR: *Menschen mit wenig Wohnraum, die aber sehr aktiv sind, denn der Zwergpinscher ist zwar klein, aber kein bequemer Hund*

ANFÄLLIG FÜR: *Äußerst kälteempfindlich, insbesondere die Ohren sind sehr gefährdet, Erfrierungen zu erleiden; Patellaluxation (lockere Kniescheiben) kann vorkommen*

Foxterrier

Alles am Foxterrier ist zweckgebunden: Der zierliche Körper mit der schmalen Brust passt sowohl in die Satteltasche am Pferd als auch in die engen Gänge von Fuchs und Dachs. Die Rute hat »Grifflänge«, damit man ihn daran zur Not wieder aus dem Erdbau herausziehen kann. Der kleine, wendige Kerl ist furchtlos, unempfindlich und ausdauernd – so, wie ein guter Jagdhund eben sein soll.

Foxterrier sind ausgesprochen vielseitig. Sie apportieren, gerne auch aus dem Wasser, spüren angeschossenes Wild auf und sprengen Fuchs und Dachs aus ihrem Bau. Umso erstaunlicher ist, dass nur noch sechs bis sieben Prozent dieser Hunde jagdlich geführt werden. Das mag damit zusammenhängen, dass Foxterrier nicht nur die Jagd, sondern auch das Familienleben lieben. Sie sind anhänglich, fröhlich und überaus wachsam. Sie haben kräftige Kiefer, ein starkes Gebiss und sind durchaus streitlustig. Ein Foxterrier, der etwas auf sich hält, ist gern für eine kleine Prügelei zu haben. Er braucht daher einen energischen Besitzer, der sich nicht um den Finger wickeln lässt, aber auch nicht gleich in Ohnmacht fällt, wenn sein Hund mal rauft. Und das wird er, schließlich ist der Foxterrier einer der impulsivsten und kämpferischsten Terrierarten, vielleicht aller Hunderassen überhaupt. Er scheint niemals müde zu werden und braucht viel Auslauf, um seine ungeheure Energie loszuwerden. Er ist dabei nicht gerade leichtführig und braucht eine sinnvolle Beschäftigung. Das alles kostet viel Zeit. All dies sollten Sie unbedingt berücksichtigen, wenn Sie mit einem Foxl liebäugeln. ✽

INFOS ZUR RASSE

GESCHICHTE: *Glatt- und Drahthaarfoxterrier entstanden im England des 19. Jahrhunderts. Der Glatthaar ist der ältere; um ihn vor Dornen und Gestrüpp zu schützen, züchtete man ihm das Drahthaar an.*

TYP: *Vielseitiger Jagdhund, Begleithund*

FELL: *Glatthaar: kurz, dicht, wasserfest mit weicher Unterwolle; Drahthaar: drahtig, dicht, sollte täglich gebürstet und zwei- bis dreimal im Jahr getrimmt werden; Farben: Weiß mit schwarzen oder lohfarbenen Abzeichen (oder auch beide)*

GRÖSSE UND GEWICHT: *Schulterhöhe von 37 bis 40 cm, Gewicht: 6,5 bis 8 kg*

GUT GEEIGNET FÜR: *Menschen mit Hundeerfahrung, die viel Zeit investieren können*

ANFÄLLIG FÜR: *Vereinzelt Augenkrankheiten*

Parson Jack Russel und Jack Russel

Terrier sind die harten Kerle des Hundereichs, und der Jack Russel ist ein typischer Vertreter: eigensinnig und ungestüm. Er hat eine Nase für Ärger und ein Auge für Abenteuer. Er strotzt vor Energie, ist draufgängerisch, frech und stur. Das ursprüngliche Zuchtziel dieser Rasse: Ein Hund, der mit der Meute mithalten kann, der mutig und klein genug ist, um sich im Fuchs- und Dachsbau umdrehen zu können. Lange Zeit bezeichnete man die Jack Russel schlicht als »working Terrier«, Arbeitsterrier, beliebt bei Jägern und Reitern. Äußerliche Merkmale interessierten nur wenig. Die Hunde sollten vor allem forsch, intelligent und selbstständig sein. Doch seitdem die populär gewordenen Energiebündel 1990 als Rassehunde in den FCI-Standard aufgenommen wurden, ist ein bestimmtes Erscheinungsbild festgelegt. Zurzeit werden überwiegend weiße Hunde gezüchtet, die höchstens zwei Flecken, am besten am Kopf, haben. Doch egal, ob bunt oder blütenweiß: Diese Hunde sind nichts für Sofahelden, die ihre Wochenenden gerne im Schlafanzug verbringen. Immerhin wurden Jack Russel Terrier dafür gezüchtet, ungeheuer aktiv zu sein, sich nichts gefallen zu lassen und sich nebenbei total zu überschätzen. Kein anderer Hund steckt schließlich freiwillig seinen Kopf in einen Dachsbau! Jack Russel sind außerdem enthusiastische Kläffer und, typisch Bauhund, verwandeln den eigenen Garten gern in eine Mondlandschaft. Es hat schon seinen Grund, warum manche sie Jack Russel-Terroristen nennen. Wer sich für einen Jackie entscheidet, bekommt viel in wenig, eben einen Tausendsassa. Seit 2004 unterscheidet man zwei Varietäten mit eigenen Standards: den Parson Jack Russel und den Jack Russel Terrier. Außer dem Zusatz im Namen gibt es nur einen Unterschied: die Beinlänge. Jagdlich geführt werden die größeren Parsons. Beide Varietäten sind jedoch aufgrund ihrer Raubzeugschärfe nur schwer mit Katzen, Meerschweinchen oder anderen Kleintieren zu halten. 🐾

INFOS ZUR RASSE

GESCHICHTE: Schon möglich, dass den Namensgeber der Rasse, Reverend John (Jack) Russel (1795–1883), seine außerkirchliche Leidenschaft für die Jagd die Beförderung zu höheren Weihen kostete. Er blieb 46 Jahre im Dienst der St. James Church in Swimbridge und widmete sich neben seinen Pastorenpflichten vorwiegend seinen Hunden. Ihm gehörte die legendäre Hündin Trump, die heute als Stammmutter aller Parson Jack Russel gilt. Ihr Bild hängt in der Sattelkammer des Schlosses Sandringham und ist das Eigentum der Queen.

TYP: *Jagd- und Familienhund*
FELL: *Glatt-, Rau- oder Stichelhaar, beide Letzteren sollten regelmäßig getrimmt werden; Farben: Weiß oder Weiß mit lohfarbigen, gelben oder schwarzen Abzeichen*
GRÖSSE UND GEWICHT: *Parson Jack Russel: 33 bis 36 cm bei einem Gewicht von 4 bis 8 kg; Jack Russel: 25 bis 30 cm bei 5 bis 6 kg*
GUT GEEIGNET FÜR: *Durchsetzungsfähige Menschen, die genügend Zeit und Spaß daran haben, mit dem Hund zu arbeiten*
ANFÄLLIG FÜR: *Taubheit, Augenerkrankung und Hautallergie*

Wie lebt es sich mit einem Jack Russel?

MIT WELCHEN ERWARTUNGEN HABEN SIE DEN HUND ANGESCHAFFT?

Als ich Funny vor zwei Jahren gekauft habe, ging es mir gerade nicht so gut. Ich fühlte mich zu der Zeit von meiner Firma ziemlich unter Druck gesetzt und dachte, es würde mir helfen, wenn ich mich mehr bewege und viel draußen wäre, um nicht depressiv zu werden. Meine Freunde haben zwar alle dagegen geredet. Sie waren der Meinung, ich sollte nicht ausgerechnet jetzt einen Hund anschaffen. Aber es war genau die richtige Entscheidung. Ich gehe nun in der Früh und am Abend Gassi, ich unterbreche tagsüber meine Arbeit, und das tut mir gut. Außerdem wollte ich, dass meine Kinder lernen, was es bedeutet, Verantwortung zu übernehmen.

INWIEFERN HAT DER HUND DAS FAMILIENLEBEN VERÄNDERT?

Der Hund trägt viel zur Harmonie bei, weil Funny einfach für gute Stimmung sorgt. Außerdem gehen wir hin und wieder gemeinsam Gassi, und das bringt uns einander näher. Im Gehen lockert sich die Zunge, und da wird dann eben auch so einiges besprochen. Wenn Sie so wollen, habe ich durch Funny wieder mehr Zugang zu den Kindern gefunden. Wir sitzen jetzt auch zu Hause wieder mehr zusammen, weil die Kinder sich gerne da aufhalten, wo Funny ist.

HEIDI HERZOG

Die 48-jährige selbstständige Handelsvertreterin arbeitet in der Modebranche. Sie ist Mutter von Julia, 17, und Philip, 15 und »Frauchen« von Funny, einer zweijährigen Jack Russel-Hündin. Die Familie lebt in der Nähe von München.

WAS BEDEUTET DER HUND FÜR SIE?

Für mich ist Funny fast wie ein drittes Kind, und sie ist ein Stimmungsaufheller. Sie ist witzig und bringt einfach Sonnenschein in mein Gemüt. Funny ist außerdem ein kluger Hund, der zum Arbeiten motiviert. Aber es ist eine komplett andere Arbeit, nicht leistungsorientiert. Wir spielen viel, albern rum oder apportieren Stöckchen und Bälle. Das gleicht mich sehr aus.

WIE KLAPPT ES DENN MIT FUNNY IM BÜRO?

Funny ist, ohne Übertreibung, eine richtige »Mitarbeiterin«, die mich beim Verkaufen unterstützt. Durch sie verändert sich das Klima, vor allem bei Kundengesprächen. Meine Kunden ordern Modekollektionen und kommen oft mit dem Gedanken: »Ich muss jetzt wieder Geld ausgeben, dabei gehen die Geschäfte doch gerade schlecht.« Wenn sie von Funny begrüßt werden, oft mit einem Spielzeug, werden sie durch ihre lustige Art erst mal positiv abgeholt. Die Gespräche verlaufen in einer besseren Atmosphäre. Funny ist tatsächlich ein wichtiger Faktor. Ich habe sogar Kunden, die schicken ihr zu Ostern ein Päckchen mit einem Plüschhasen drin oder rufen an, um sich zu vergewissern, dass Funny da ist, wenn sie kommen.

EIN TERRIER KANN ZIEMLICH RAUFLUS- TIG SEIN. GAB ES DA NIE PROBLEME?

Funny ist zum Glück sehr freundlich, auch zu anderen Hunden. Es gab noch nie eine Rauferei. Sie ist vom Wesen her eine ganz Weiche. Ich glaube aber sagen zu können, dass ich dazu einen guten Teil beigetragen habe. Ich selbst bin ein sehr aggressionsfreier Mensch, ich habe eher zu wenig Wutpotenzial. Ich denke, dass sich meine Art auf den Hund überträgt. Ich gehe nicht gleich in die Luft oder schreie, sondern rede ruhig mit ihr und gebe fast nur Handzeichen. Vielleicht hat es auch mit Funnys Abstammung zu tun. Sie kommt nicht aus einer jagdlichen Zucht. Wichtig ist bestimmt auch die Sozialisierung, also welches Umfeld man dem Hund von klein auf bietet. Ob er viel mit Artgenossen in Berührung kommt und positive Erfahrungen macht. Da steckt schon auch viel Arbeit drin, das darf man nicht unterschätzen.

HABEN SIE VORAB MIT IRGENDWELCHEN PROBLEMEN GERECHNET?

Ich hatte befürchtet, dass sie viel kläfft, und war überrascht, dass Funny so ruhig ist. Das ist auch nicht typisch für die Rasse. Aber sie schlägt nur an, wenn jemand klingelt. Das finde ich

sehr angenehm, ganz abgesehen davon, dass es im Büro ein großes Problem wäre, wenn sie jedes Mal bellen würde, sobald die Tür aufgeht. Ich habe ja auch manchmal Kunden, die selbst vor einem so kleinen Hund Angst haben. Da ist mir wichtig, dass sie beim Hörzeichen »Platz« zuverlässig liegen bleibt. Das klappt auch gut. Und was mich positiv überrascht hat ist, dass sie aufgrund ihres netten Charakters überall willkommen ist.

KÜMMERN SICH IHRE KINDER REGEL- MÄSSIG UM FUNNY?

Ja, das funktioniert gut. Meine Tochter ist ohnehin sehr zuverlässig. Dienstag und Mittwoch nehme ich Funny extra nicht mit ins Büro, weil mein Sohn an diesen beiden Tagen schon früh aus der Schule kommt und sich dann nachmittags um den Hund kümmern kann. Am Wochenende sind ebenfalls die Kinder dran, weil ich unter der Woche meistens mit Funny Gassi gehe. An diese Aufteilung halten sich alle.

WÜRDEN SIE ANDEREN FAMILIEN ZU DIESER RASSE RATEN?

Ja, schon. Aber nur, wenn man sich viel mit dem Hund beschäftigt und ihn auch wirklich in sein Leben integriert. Gerade am Anfang muss man sich häufig mit ihm auseinandersetzen, damit man ein Wesen herausbildet, das dann auch gut kompatibel ist. Der Jack Russel braucht viel Aufmerksamkeit. Er ist sicher keiner, den man jeden Tag alleine lassen kann. Der will was tun, er braucht Beschäftigung und Abwechslung. Ich könnte mir vorstellen, dass es sonst Probleme mit der Aggression gibt.

KLEINE HUNDERASSEN

Shiba Inu

Der Shiba Inu ist ein ausgesprochen urwüchsiger und unabhängiger kleiner Hund. Das rührt daher, dass ihm, wie allen wolfsähnlichen Hunden, das Gefühl erhalten geblieben ist, auch ohne menschliches Zutun in der Natur überleben zu können. Er ist eigenständig, dominant und mutig, was große Ansprüche an die Führungsqualitäten des Halters stellt. Der Shiba Inu ist die kleinste der sechs ursprünglichen Rassen Japans und in seinem Wesen dem Akita Inu sehr ähnlich. Beide verfügen über ein tief gehendes, archaisches Instinktverhalten, vergleichbar mit dem der nordischen Rassen wie Malamute, Samojede (→ Seite 159) oder Husky (→ Seite 152). Eine Ausbildung im herkömmlichen Sinne ist bei diesem Hundetypus so gut wie unmöglich, und seine Jagdpassion gepaart mit Eigenständigkeit macht den Freilauf auch beim Shiba Inu mehr als schwierig. Ansonsten ist der fuchsähnliche kleine Kerl lebhaft, selbstbewusst und unternehmungslustig, dabei aber niemals unterwürfig. Er bellt kaum, und sein kurzes Fell sieht auch ohne ständiges Bürsten immer gepflegt aus. Zweimal im Jahr haart er beträchtlich, dazwischen aber so gut wie gar nicht. Wenn es etwas gibt, was die meisten Shibas nicht mögen, dann ist es Wasser. Einen Shiba von der Notwendigkeit eines Bades zu überzeugen könnte sich als überaus schwierig gestalten. Allerdings ist das auch nur selten nötig, da sie sich ähnlich wie Katzen putzen.

Als Begleithund ist der Shiba Inu anspruchsvoll. Abläufe, die sich wiederholen, langweilen ihn schnell. Wenn man zum Beispiel beim Apportieren immer das gleiche Spielzeug oder Stöckchen wirft, wird er dem schnell überdrüssig. Der Shiba liebt Abwechslung und neue, überraschende Übungen, damit bindet man seine Aufmerksamkeit. Wer diese Eigenschaften mag und damit leben kann, dass sein Hund nicht jedes Kommando sofort ausführt, sondern erst mal das zu Ende bringt, womit er sich gerade beschäftigt, für den kann dieser schöne, wolfsähnliche Hund ein geeigneter Partner sein. 🐾

INFOS ZUR RASSE

GESCHICHTE: *Das japanische Wort »Shiba« weist auf etwas Kleines hin, »Inu« bedeutet »Hund«. Der natürliche Lebensraum dieser alten, ursprünglichen Rasse war die bergige Gegend am japanischen Meer. Dort wurde der Hund für die Jagd auf kleines Wild und Vögel verwendet.*

TYP: *Ursprünglich Jagdhund, heute Familienhund*

FELL: *Hartes, gerades Deckhaar mit weicher, dichter Unterwolle; Farben: Rot, Sesam, Black and Tan*

GRÖSSE UND GEWICHT: *Schulterhöhe von 36 bis 41 cm, Gewicht: ca. 8 bis 14 kg*

GUT GEEIGNET FÜR: *Naturverbundene Menschen, die einen robusten Hund suchen, der sie überallhin begleitet*

ANFÄLLIG FÜR: *Es sind kaum erbliche Erkrankungen bekannt.*

Die beliebtesten mittelgroßen *Hunderassen*

Unter den mittelgroßen Hunden ist für jeden etwas dabei – vom gemütlichen Basset bis zum quirligen Entlebucher. Die meisten sind gute Familienhunde.

Deutscher Spitz

Der Spitz mit seinem dichten, lang stehenden Fell ist ein jahrtausendealter Haushund, den es in fünf verschiedenen Größen und unterschiedlichen Farbvarianten gibt. Er galt lange als Hund einfacher Leute, die einen treuen, wachsamen, aber auch widerstandsfähigen und anspruchslosen Hund brauchten. Obwohl Deutschland als das Mutterland der Rasse gilt, werden mittlerweile in England und in Skandinavien erheblich mehr Spitze gezüchtet als bei uns. Hierzulande geriet das frühere Erfolgsmodell seit dem Zweiten Weltkrieg immer mehr aus der Mode. Andere Rassen wie der Cocker Spaniel und der Foxterrier galten nun als chic, der Spitz war out. Dabei ist er ein idealer Begleithund: Er besitzt kaum Jagdtrieb, stromert und wildert nicht und ist dennoch sehr agil. Er freut sich über viel Bewegung und lange Spaziergänge. Die sind meistens stressfrei, denn selbst da, wo Wild steht und Fährten gut duften, bleibt der Spitz auf Kurs. Seine Passion ist das Aufpassen, nicht das Jagen. Als Bewacher jedweden Eigentums ist er unbestechlich. Er wurde darauf gezüchtet, sich eng an den Menschen und dessen Lebensraum zu binden. Seine Wachsamkeit ist sprichwörtlich (Spitz pass auf!), und lautstarkes Bellen liegt in seiner Natur. Vielleicht hängt ihm deshalb noch immer der Ruf nach, er sei bissig und falsch. Doch bissige Spitze sind inzwischen unerwünscht; das war früher zugegebenermaßen anders, als man »giftige« Wachhunde schätzte. Noch in den 1960er-Jahren wurden Spitze auf Ausstellungen nach Schärfe prämiert. Zum Glück hat die Zuchtauswahl inzwischen eine Veränderung bewirkt, und die richtige Erziehung tut ihr Übriges. Es wäre diesem lebhaften und intelligenten Hund zu wünschen, dass er wieder mehr Anhänger findet. Denn er ist unkompliziert, robust, wetterfest, anhänglich und leichtführig, weil er alles richtig machen will. Der Spitz verträgt sich gut mit anderen Tieren und ist trotz des üppigen Pelzes pflegeleicht. Trimmen oder Scheren ist nicht notwendig. Mit den größeren Schlägen kann man gut Hundesport betreiben, die kleinen eignen sich sehr gut als Gesellschafter, auch für ältere Menschen. 🐾

Deutscher Spitz

INFOS ZUR RASSE

GESCHICHTE: *Der Spitz gehört zu den ältesten Haushunderassen, und aufgrund seiner langen Geschichte lässt sich nicht genau nachvollziehen, wer seine Vorfahren waren. Heute sind Spitze auf der ganzen Welt als hervorragende Wachhunde bekannt.*

TYP: *Wach-, Haus- und Begleithund*

FELL: *Langes, feines Fell, das aber nicht zum Verfilzen neigt und daher recht pflegeleicht ist (regelmäßiges Bürsten genügt); Farben: Schwarz, Weiß, Braun, Orange, Grau oder Gescheckt*

GRÖSSE UND GEWICHT: *Wolfsspitz: 45–55 cm, ca. 20 kg; Großspitz: 42–50 cm, 15–20 kg; Mittelspitz: 30–38 cm, 7–10 kg; Kleinspitz: 23–28 cm, 4–5 kg, Zwergspitz: 18–22 cm, 1,5–3,5 kg*

GUT GEEIGNET FÜR: *Menschen, die einen anhänglichen Begleiter suchen und bereit sind, täglich weite Spaziergänge zu unternehmen oder den Hund mit Agility, Longieren oder Dog Dance auslasten*

ANFÄLLIG FÜR: *Gelegentlich Kniegelenkserkrankungen und Haarausfall*

Kooikerhondje

Derzeit sieht man den unkomplizierten Holländer auf hiesigen Hundewiesen noch recht selten, aber das wird gewiss nicht mehr lange so bleiben. Die wenigen Züchter, die es derzeit in Deutschland gibt, können sich vor Anfragen kaum retten. Gerade mal 150 Welpen wurden 2010 in Deutschland geboren – immerhin, zur Jahrtausendwende waren es erst zehn. Aufgrund der großen Nachfrage kostet ein Welpe eines VDH kontrollierten Züchters derzeit bis zu 1300 Euro. Im Internet werden viele für weniger als die Hälfte angeboten, Erbkrankheiten inklusive. Früher war es die Aufgabe der Kooikerhondjes, Enten in den »kooi« zu locken, eine Art Fangkäfig, den die Geflügelbauern an den Ufern der Flüsse aufstellten. Die Hunde liefen am Wasser entlang auf den Kooi zu, und die neugierigen Enten folgten angeblich der wedelnden Rute. Diese Art der Fallenjagd ist längst verboten, und der Kooiker wird seiner heutigen Bestimmung als Familien- und Begleithund mehr als gerecht: Er hat wenig Jagdtrieb, ein sanftes, freundliches, ruhiges und ausgeglichenes Wesen, sieht gut aus, ist sehr anpassungsfähig und für Spaß und Sport zu haben. Nur Kleinkindern gegenüber verhält er sich eher reserviert, denn Ohrenziehen vertragen die sensiblen Hunde nicht. Für ältere Kinder kann er allerdings ein guter Spielkamerad sein. Der Kooikerhondje ist aufmerksam, aber nicht lärmend und schlägt nur an, wenn ein guter Grund vorhanden ist. Er hält sein Fell gerne katzenähnlich in Ordnung und riecht deshalb kaum nach Hund. Trotz der handlichen Größe möchte der handfeste Vierbeiner gefordert werden. Auch seine Erziehung verlangt einiges an Fingerspitzengefühl, denn der Kooikerhondje ist manchmal starrköpfig und zugleich empfindsam. Begriffe wie Einfühlungsvermögen und Konsequenz gehören daher unbedingt in den Pflichtwortschatz eines Kooikerbesitzers. Hat man die richtige Mischung erst mal gefunden, ist alles weitere ein Kinderspiel. ❧

INFOS ZUR RASSE

GESCHICHTE: *Bereits auf den Gemälden alter holländischer Meister sind diese Hunde zu sehen. Angeblich besaß sogar der Nationalheld Wilhelm I. von Oranien (1533–1584) ein Kooikerhondje. Trotzdem wäre die Rasse Mitte des 20. Jahrhunderts fast ausgestorben; alle heutigen Tiere gehen auf die wenigen Exemplare zurück, die damals noch existierten. Seit 1971 ist die Rasse vom FCI anerkannt.*

TYP: *Begleithund, Familienhund*

FELL: *Mittellang, wellig; Farbe: Grundfarbe Weiß mit orange-roten Platten und schwarz umrandeten roten Ohren*

GRÖSSE UND GEWICHT: *Schulterhöhe von 35 bis 42 cm, Gewicht: 9 bis 11 kg*

GUT GEEIGNET FÜR: *Sportliche Menschen mit dem nötigen Feingefühl. Der Kooikerhondje ist zudem eine echte Alternative für alle Leute, denen der Australian Shepherd (→ Seite 104) äußerlich zwar gut gefällt, aber viel zu anstrengend ist.*

ANFÄLLIG FÜR: *Aufgrund der kleinen Zuchtbasis ist diese Rasse anfällig für Erbkrankheiten (Augenerkrankungen, Blutgerinnungsstörung, Epilepsie und Degeneration des Knochenmarks).*

MITTELGROSSE HUNDERASSEN

Englischer Cocker Spaniel

Dicke Schnauze, dicke Pfoten, runder Kopf und lange, lustig fliegende Ohren sind typisch für den Englischen Cocker. Trotz seines tollpatschigen Aussehens darf man aber nicht vergessen, dass er wie seine Verwandten – der kleinere Amerikanische Cocker Spaniel und größere Springer Spaniel – ein Stöberhund ist. Das heißt, er wurde dafür gezüchtet, das Wild aus dem Dickicht aufzustöbern und dem Jäger entgegenzutreiben. Die temperamentvollen Tiere brauchen genügend Beschäftigung wie Apportieren, Fährtenarbeit oder andere Hundesportarten, sonst sind sie nicht vollständig ausgelastet. Mitte der 1970er-Jahre geriet der Englische Cocker zum Modehund. Am gefragtesten waren damals die rothaarigen, sogenannten goldenen Cocker – und bald sah man kaum noch andere Farbschläge. Die Rasse geriet jedoch in Verruf, weil einzelne Exemplare überraschend und blindwütig zubissen (»Cocker-Wut«). Vermutlich entstand diese Verhaltensauffälligkeit durch die verstärkte Zucht roter Hunde. Denn es gibt in jeder Rasse sehr dominante Tiere, und die sind unter den roten Cockern häufiger vertreten. Mittlerweile ist die Cocker-Wut schon lange kein Problem mehr, weil man empfindlich auf das Einhalten der Zuchtbedingungen achtet. Wer sich für einen Cocker entscheidet, bekommt einen freundlichen, unkomplizierten Hund, der intelligent und verspielt, aber kein bisschen leise ist. Freude und Übermut kläffen die Cocker in die Welt. Für die Körperpflege sollten Sie etwas Zeit einplanen: Die langen Ohren müssen regelmäßig frei geschnitten werden, damit sich keine Milben einnisten. Vor allem aber das seidige Fell, eines der wichtigsten Schönheitsmerkmale des Englischen Cockers, macht viel Arbeit, weil es oft gekämmt werden muss. 🐾

INFOS ZUR RASSE

GESCHICHTE: *Die »Urväter« dieser Rasse wurden, wie schon der Name andeutet, im 19. Jahrhundert aus Spanien nach England importiert und dort zu Spezialisten für die Jagd auf Hühner und Schnepfen weitergezüchtet. Der »Zusatz« Cocker leitet sich von »Woodcock«, englisch für »Waldschnepfe«, ab.*

TYP: *Stöber-, Apportier- und Wasserhund*

FELL: *Glatt, seidig, muss alle drei Tage gründlich gekämmt und viermal im Jahr getrimmt werden (zupfen, nicht schneiden); Farben: Verschiedene, bei einfarbigen Hunden ist Weiß nur an der Brust erlaubt*

GRÖSSE UND GEWICHT: *Schulterhöhe von 37 bis 42 cm, Gewicht: 11 bis 14 kg*

GUT GEEIGNET FÜR: *Bewegungsfreudige Menschen mit einem Faible für Apportieren, Fährtenarbeit oder Hundesport*

ANFÄLLIG FÜR: *Ohrenzwang (Gehörgangsentzündung) und Lefzen-Ekzem*

HALTER-INTERVIEW

Wie lebt es sich mit einem Cocker Spaniel?

ALEXANDRA GRIMMLER

Die 32-jährige Diplom-Informatikerin lebt mit ihrem Partner und dem zweieinhalbjährigen Cocker Spaniel Rüden Barney in der Nähe von München. Barney begleitet Frauchen sowohl in der Freizeit als auch ins Büro.

MIT WELCHEN ERWARTUNGEN HABEN SIE DIESEN HUND ANGESCHAFFT?
Ich wollte endlich wieder täglich schöne, lange Spaziergänge machen. Als ich noch zu Hause gewohnt habe, hatten wir einen Dalmatiner. An diese Erfahrung wollte ich wieder anknüpfen.

WAS BEDEUTET DER HUND FÜR SIE?
Barney ist ein wesentlicher Faktor, damit es mir persönlich richtig gut geht. Ich bin eher der Typ Mensch, der sich zu Hause verkriecht. Durch den Hund bin ich aktiver, mehr unterwegs und habe auf diese Weise auch gute Freunde kennengelernt. Barney ist ein wichtiger Kontakter für mich. Er holt mich aus meinem Schneckenhaus.

WIE LANGE BESCHÄFTIGEN SIE SICH TÄGLICH MIT DEM HUND?
Vor der Arbeit und danach gehe ich natürlich spazieren. Und mittags, wenn die anderen in die Kantine gehen, auch. Das sind aber nicht einfach nur Spaziergänge, sondern ich lasse ihn arbeiten und nach irgendetwas suchen. Ich hänge Sachen, die er finden soll, in einen Baum, und zur Belohnung fliegt auch mal ein Ball. Im Büro verstecke ich zwischendurch ebenfalls ein paar Dinge für Barney. Das finden meine Kollegen lustig. Wenn ich in ihr Zimmer komme und frage: »Wo darf ich denn wieder was verstecken?«, überlegen wir oft gemeinsam, wie wir Barney austricksen können. Nebenbei beschäftigen wir uns noch mit Mantrailing.

WARUM HABEN SIE SICH FÜR EINEN COCKER SPANIEL ENTSCHIEDEN?
Das war Zufall. Ich suchte einen Hund aus dem Tierheim oder dem Tierschutz, und Barney fand ich einfach süß. Über die Rasse habe ich mir keine Gedanken gemacht. Ich wollte einfach einen lustigen, lebensfrohen und freundlichen Hund, der mir vom Aussehen her gefällt.

HABEN SIE SICH IM NACHHINEIN NOCH MIT DEN EIGENSCHAFTEN DER RASSE AUSEINANDERGESETZT?
Oh ja, sogar massiv. Barney ist nicht gerade der Einfachste. Er zählt wohl zu den roten Cockern, die sehr dominant sein können. Anfangs hat er »nur« an der Leine gepöbelt und versucht, gegen andere Hunde zu agieren. In solchen

Situationen wäre ich am liebsten in den Erdboden versunken, mir war das entsetzlich peinlich. Später ist er dann auch mich angegangen und hat nach mir geschnappt, wenn ich ihn einschränken oder maßregeln wollte. Einmal hat er im Büro mein Brötchen geklaut, und als ich es ihm wieder wegnehmen wollte, hat er mich gebissen. Mein vorheriger Hund, der Dalmatiner, war immer lammfromm. Da gab es nie auch nur ein Knurren oder Zähnezeigen. Barneys Verhalten war eine ganz neue Erfahrung für mich. Daher war ich gezwungen, mich intensiv mit der Rasse, aber auch mit dem Thema Aggression zu beschäftigen.

WIE HABEN SIE DENN DIE AGGRESSIONSPROBLEME GELÖST?

Der Erfolg kam durch eine Mischung aus Konsequenz, Klarheit und dem Entschluss, ihn schließlich doch zu kastrieren. Dagegen habe ich mich lange gesträubt, aber ich weiß nicht, ob ich es ohne die Kastration geschafft hätte. Die Kastration alleine hilft natürlich auch nicht. Wir haben viel trainiert, und ich habe gelernt, mir die »Chefposition« zu erarbeiten. Er muss sich an meine Regeln halten und sich an mir orientieren. Und dazu gehört auch, sich gut zu benehmen und niemanden anzugehen.

DAS KLINGT, ALS HÄTTEN SIE SICH DURCH DEN HUND VERÄNDERT.

Ja, ich bin insgesamt viel klarer geworden, nicht nur dem Hund gegenüber. Was ich denke, was ich sage und wie ich mich verhalte, passt jetzt besser zusammen. Genau das habe ich durch Barney gelernt, und das macht sich in allen Lebensbereichen bemerkbar. Vor einem Jahr bin ich Abteilungsleiterin geworden, und dazu hat mir Barney sicherlich verholfen.

CHEF IM JOB UND CHEF BEIM HUND, KANN MAN DAS VERGLEICHEN?

Ja, denn wenn du inkonsequent bist und nicht zu dem stehst, was du gesagt hast, vertrauen dir auch die Mitarbeiter nicht. Barney stellt mich sogar eher infrage als meine Mitarbeiter, denn er weiß ja nichts von Posten oder Beförderungen. Wenn er merkt, dass ich nicht konsequent bin, zeigt er mir das sofort. Das ist halt sein spezieller Charakter, und der hat mich weitergebracht. Ich habe ihn zwar unter ganz anderen Vorzeichen ausgesucht, wollte ja eher etwas zum Kuscheln. Ich hätte nicht gedacht, dass der Hund mich überhaupt hinterfragt. Ich habe einfach nicht mit so viel Widerstand gerechnet.

HABEN SIE AUCH EINMAL ANS AUFGEBEN GEDACHT?

Nein, nie. Immer wenn Barney schwierig wurde oder ein neues Problem aufkam, habe ich mich informiert. Ich habe mir Fachliteratur besorgt und bei Trainern oder Freunden nachgefragt, die viel Hundeerfahrung haben. Ich habe immer nach einem Weg gesucht, unsere Probleme zu lösen. Ich habe aber schon oft gedacht, wäre Barney bei jemand anderem gelandet, wäre er vielleicht wieder zurück ins Tierheim gekommen. Er wurde von seinen ersten Besitzern auf einem Parkplatz ausgesetzt mit seinem Körbchen, Futter, Spielsachen und seinen ganzen Utensilien. Anscheinend war jemand einfach überfordert.

Bayerischer Gebirgsschweißhund

INFOS ZUR RASSE

GESCHICHTE: *Der Bayerische Gebirgsschweißhund ist direkt aus dem Hannoverschen hervorgegangen. Da sich Letzterer für die Arbeit im unwegsamen, bergigen Gelände als zu schwer erwies, kreuzte man Tiroler- und Brandlbracken ein.*

TYP: *Hoch spezialisierter Jagdhund*

FELL: *Dicht, kurz, glatt und anliegend; Farbe: jede Schattierung von Rot möglich, Fang und Behang sind dunkel*

GRÖSSE UND GEWICHT: *Schulterhöhe von 44 bis 52 cm, Gewicht: 18 bis 28 kg*

GUT GEEIGNET FÜR: *Spezialisten in der Hundehaltung und Jäger mit Familie*

ANFÄLLIG FÜR: *Keine bekannt*

Schweißhunde sind darauf spezialisiert, krankes oder verletztes Wild zu suchen und zu stellen (in der Jägersprache bedeutet »schweißen« bluten). Sie werden daher ausschließlich für die Arbeit nach dem Schuss gebraucht. Die Jagdverbände erkennen für diese Art der Suche nur drei Spürhundrassen an: den Hannoverschen Schweißhund, die Alpenländische Dachsbracke und den Bayerischen Gebirgsschweißhund, kurz BGS genannt. Letzterer gilt seit Ende des 19. Jahrhunderts als klassischer Begleiter der Berufsjäger und Förster im Gebirge. Denn er ist leicht, wendig und daher gut in der Lage, das Wild auch im unwegsamen Gelände ausdauernd zu hetzen.

Derzeit startet der Nasenspezialist zusammen mit dem Beagle eine zweite Karriere als Personensuchhund im Polizei- und Rettungsdienst. Volle Konzentration auf die Spur, gepaart mit absolutem Findewillen – diese Passion macht man sich bei der Suche nach vermissten Menschen zunutze, sodass die Fähigkeiten dieses Spezialisten heute einen neuen Wirkungskreis finden. Am wohlsten fühlt sich der ansonsten pflegeleichte Hund jedoch immer noch bei einem Jäger, der ihm Familienanschluss bietet. Denn der Schweißhund ist zwar hart am Wild, aber durchaus sensibel, anhänglich und sehr führerbezogen. Fremden gegenüber ist er eher reserviert. Als Familienhund ohne entsprechende Aufgabe ist er nur bedingt geeignet. Er besitzt zwar einen ruhigen, ausgeglichenen Charakter, sollte aber unbedingt typgerecht beschäftigt werden. Fährtenarbeit und Mantrailing auf Einsatzniveau kommen hier infrage. 🐾

Kleiner Münsterländer

Die »Heidewachtel«, wie der kleine Münsterländer auch genannt wird, diente den Münsterländer Bauern früher nicht nur als Jagdgefährte, sondern auch als Haus-, Hof- und Familienhund. Wie die meisten Vorstehhunde ist auch der Kleine Münsterländer ein »Allrounder«. Er wird nämlich bei der Jagd nicht nur zum Vorstehen für die Arbeit vor dem Schuss eingesetzt, sondern apportiert das Wild auch nach dem Schuss und sucht verletzte Tiere auf der sogenannten Schweißfährte.

Bei der Zuchtauswahl dieser Hunde wird auch heute noch vor allem Wert auf die Gebrauchstüchtigkeit gelegt. Trotzdem ist der Kleine Münsterländer nicht nur ein passionierter Jagdhelfer, sondern hat zudem einen sehr freundlichen, umgänglichen Charakter. Das macht ihn auch für Familienhundehalter attraktiv. Doch Vorsicht: Dieser Hund ist zwar folgsam, lerneifrig und anhänglich. Er ist aber auch ein Vollblutjäger und daher als reiner Begleithund nur sehr bedingt geeignet. Ohne Arbeit droht er zu verkümmern. Die meisten Züchter geben ihre Welpen deshalb nur an Jäger ab.

Der Kleine Münsterländer will jeden Tag arbeiten und laufen, und zwar mehrere Stunden am Stück. Er ist unempfindlich gegen Müdigkeit und schlechtes Wetter. Seinem Tatendrang können Sie auch mit Dummyarbeit, Mantrailing oder Zielobjektsuche entsprechen, allerdings sind diese Alternativen eher als Ergänzung gedacht. Den Vollzeitjob als Jagdhund können sie kaum ersetzen. Dieser Hund wird daher nur bei Menschen glücklich, die einen vierbeinigen »Mitarbeiter« suchen und nicht nur einen Begleiter. 🐾

INFOS ZUR RASSE

GESCHICHTE: *Die Rasse stammt von langhaarigen Wachtelhunden ab. Der 1921 erstellten Rassestandard gilt bis heute.*

TYP: *Jagdhund*

FELL: *Dicht, mittellang, glatt bis gewellt mit »befederten« Vorderpfoten; Farben: Braunweiß und Braunschimmel mit braunen Platten, Mantel oder Tupfen; lohfarbene Abzeichen an Fang und Augen sind gestattet*

GRÖSSE UND GEWICHT: *Schulterhöhe von 48 bis 56 cm, Gewicht: 17 bis 25 kg*

GUT GEEIGNET FÜR: *Menschen, die seine Veranlagung fördern und nutzen*

ANFÄLLIG FÜR: *Entropium (Rolllid)*

Kromfohrländer

Der Kromfohrländer ist eine »Light«-Version für Terrierfreunde. Er wurde nie im Hinblick auf bestimmte Leistungen gezüchtet, sondern war von Anfang an »nur« als ausgeglichener, leichtführiger und fröhlicher Begleithund gedacht. Dies scheint er auf den ersten Blick auch tatsächlich zu sein. Seine handliche Größe und das pflegeleichte Fell tragen das Ihre dazu bei. Doch man darf den »Kromi«, wie er oft liebevoll genannt wird, aufgrund seiner Intelligenz nicht unterschätzen. Durch seine enorme Lernfähigkeit ist er zwar leicht zu erziehen, es braucht bei diesem schlauen Hund aber schon auch etwas Erfahrung. Dieser Pfiffikus merkt sich alles, auch das, was er nicht behalten soll. Wenn er unterfordert ist, kann er sich daher durchaus auch negativ entwickeln. Er versucht dann stets, seinen eigenen Kopf durchzusetzen.

Die Stammeltern des Kromfohrländers sind der drahthaarige Foxterrier (→ Seite 73) und der Grand Griffon Vendéen, ein robuster und gutmütiger französischer Laufhund. Zwar hat er von beiden Elternrassen typische Charaktereigenschaften mitbekommen, doch erstaunlicherweise scheint der Jagdtrieb irgendwo auf der Strecke geblieben zu sein. Auch sein Temperament ist wesentlich gemäßigter als das des Foxterriers, wenn er auch in einigen Aspekten diesem nicht unähnlich ist: Der Kromfohrländer ist immer gut gelaunt und anhänglich, ohne unterwürfig zu sein. Im Gegenteil, er ist durchaus selbstbewusst und lässt sich längst nicht alles gefallen. Zudem tendiert er dazu, sich einer Person aus der Familie eng anzuschließen (sogenannter Ein-Mann-Hund). Die anderen mag er zwar, aber er gehorcht ihnen nicht unbedingt. Fremden gegenüber ist er anfänglich misstrauisch, und auch für ein Zusammenleben mit kleinen Kindern eignet sich der Kromi weniger. Werden die Kleinen zudringlich, kann es vorkommen, dass er sich wehrt. Ansonsten machen sein mäßiges Temperament, seine Intelligenz und sein bis ins hohe Alter verspieltes Wesen den Kromfohrländer zum überaus angenehmen Hausgenossen. Er begeistert sich sehr für sportliche Aktivitäten, wie zum Beispiel Agility oder Dogdance.

INFOS ZUR RASSE

GESCHICHTE: *Der Kromfohrländer ist erst seit 1955 international anerkannt und damit eine der jüngsten Gesellschafts- und Begleithunderassen. Die Erstzüchterin, Frau Ilse Schleifenbaum, wohnte bei Siegen in Nordrhein-Westfalen – nahe der Gemarkung »krom Fohr«, was auf Hochdeutsch »krumme Furche« heißt. So entstand der Name »Kromfohrländer«.*

TYP: *Gesellschafts- und Begleithund*

FELL: *Glatt- oder drahthaarig; Farbe: Weiß mit rotenbraunen Platten*

GRÖSSE UND GEWICHT: *Schulterhöhe von 38 bis 46 cm, Gewicht: ca. 9 bis 16 kg*

GUT GEEIGNET FÜR: *Stadt und Land, Familien und Singles; der Kromfohrländer ist für alle Lebenslagen gut geeignet*

ANFÄLLIG FÜR: *Gelegentlich Harnsteine, ansonsten sind keine gesundheitlichen Probleme bekannt.*

Beagle

Als Snoopy, den ebenso gewitzten wie bequemen Comic-Hund der »Peanuts«, kennt ihn fast jeder. Aber nicht jeder weiß, dass Snoopys Vorbild, der Beagle, auch ein hoch spezialisierter Meutehund für die Hetzjagd ist. Seine Passion: Fährten verfolgen. Sein Wesen: freundlich, vollkommen geruchsgesteuert und hungrig. So weit die wohlmeinende Version. Wer es lieber unverblümt mag, beschreibt diese Rasse wahrscheinlich eher folgendermaßen: Der Beagle ist verfressen, klaut, randaliert und haut ab – wenn er nicht genügend ausgelastet wird. Er ist ein ausgebufftes Schlitzohr, das mit Unschuldsmiene seine langen Ohren auf Durchzug stellt und tut, was ihm Spaß macht: Fressen so viel wie geht. Weil der bunte Kerl auf Ausdauer gezüchtet ist, muss er viel rennen. Zwei bis drei Stunden täglich sind das Minimum. Spazierengehen reicht dem Laufhund oft nicht, Fahrradfahren ist besser. Wird dieses Pensum nicht erfüllt, bekommt er nämlich zerstörerische Züge und macht sich gern am Mobiliar zu schaffen. Dennoch hat sein freundliches Wesen den Beagle zu einem beliebten Familienmitglied gemacht, das jedoch auf seine spezielle Art beschäftigt werden muss. Man legt dazu zum Beispiel mit einem Stück Fleisch eine Fährte und lässt den Hund diese bis ans Ziel verfolgen, wo eine Futterbelohnung auf ihn wartet.

Apropos Futter: Ein Beagle frisst nicht, er inhaliert. Entsprechend ist der Napf in Sekundenschnelle leer. Dieses Verhalten ist bei Meutehunden keine Seltenheit, denn wer zu langsam ist, bekommt nichts ab. Der Vorteil: Beagles lassen sich über Futter leicht erziehen. Allerdings endet diese Erziehung am Beginn einer Hasenfährte. Kein Wunder, schließlich wurden jahrhundertelang diejenigen Beagle heraussortiert und vermehrt, die am besten einer Spur folgten. Dagegen kommt kein Wiener Würstchen an. Im Wald ist daher Schleppleine Pflicht. Fazit: Wer seinen Beagle auslastet mit Mantrailing, Sucharbeiten und Fahrradfahren, bekommt einen tollen Familienhund. Wer an einer solchen Freizeitbeschäftigung keinen Spaß hat, sollte sich für eine andere Rasse entscheiden. 🐾

INFOS ZUR RASSE

GESCHICHTE: *Vermutlich wurde der Beagle für die Hasenjagd aus dem größeren Fuchshound herausgezüchtet. Der englische Pastor Reverend Phillip Honeywood aus Essex begann 1830 die Rasse gezielt zu vermehren.*

TYP: *Jagd- und Laufhund*

FELL: *Pflegeleicht, kurz, dicht und wetterfest; hin und wieder striegeln reicht; Farben: dreifarbig (Schwarz, Braun, Weiß oder Blau, Weiß, Braun), dachs-, hasenfarbig oder zitronengelb gefleckt, Zitronengelb, Rot, Braun oder Schwarz mit Weiß, ganz Weiß (Rutenspitze immer weiß)*

GRÖSSE UND GEWICHT: *Schulterhöhe von 33 bis 40 cm, Gewicht: 11 bis 18 kg*

GUT GEEIGNET FÜR: *Menschen, die genug Zeit haben, diesen Hund artgerecht auszulasten und zu beschäftigen*

ANFÄLLIG FÜR: *Ohren- und Augenentzündungen, Epilepsie*

Basset Hound

Beim Basset Hound handelt es sich sozusagen um einen »tiefer gelegten« Bluthund (Basset kommt vom französischen »bas« und bedeutet »nieder« oder »tief«). Ähnlich wie dieser ist der Basset Hound ein geduldiger und anhänglicher Geselle, aber auch äußerst nasenorientiert und daher nicht einfach zu führen und niemals abzurichten. Riecht er eine frische Spur, ist er weg, so schnell ihn seine kurzen Beine tragen.

Seine Fans lieben das extreme Äußere, vor allem aber sein sanftes, ruhiges und gleichzeitig dickköpfiges Wesen. Als ehemaliger Meutehund ist er auf Gesellschaft angewiesen, um sich wohlzufühlen. Allein gelassen macht er zur Freude der Nachbarschaft durch sein klangvolles Geläut auf sich aufmerksam. Wie viel Bewegung er braucht, ist unterschiedlich. Es gibt sowohl faule als auch ständig marschierbereite Basset Hounds. Die beste Beschäftigung sind Spaziergänge mit ausreichend Gelegenheit zum Schnüffeln sowie Fährtenarbeit.

Leider hat der Basset Hound aufgrund der langjährigen Überzüchtung seines Äußeren einige gesundheitliche Probleme.

INFOS ZUR RASSE

GESCHICHTE: *Entstanden ist der Basset Hound im 19. Jahrhundert aus einer Kreuzung französischer Bassets mit dem Bluthund. Er wurde ursprünglich für die Jagd im Dickicht gezüchtet.*

TYP: *Jagdhund, Familienhund*

FELL: *Glatt, kurz, dicht und pflegeleicht; Farbe: Drei- (Schwarz, Loh und Weiß) oder zweifarbig (Lemon und Weiß)*

GRÖSSE UND GEWICHT: *Schulterhöhe von 33 bis 38 cm, Gewicht: 25 bis 30 kg*

GUT GEEIGNET FÜR: *Liebhaber und Fans von Hunden mit einem unverwechselbaren Äußeren und Charakter*

ANFÄLLIG FÜR: *Ohrenentzündung und -verletzungen, Bindehautentzündung, Hautekzeme durch die starken Falten, Hodensack- und Vorhauterfrierungen; Wirbelsäule und Gelenke können durch zu frühe und zu starke Beanspruchung stark in Mitleidenschaft gezogen werden.*

Selbst der melancholische Blick resultiert daraus, dass das Unterlid durch die viel zu schwere Haut heruntergezogen wird, was häufig Bindehautentzündungen hervorruft. Der Basset sollte auch keine Treppen laufen, sondern getragen werden, um den vorzeitigen Verschleiß der überbeanspruchten Bandscheiben zu vermeiden. Wer diesen Hundetypus mag, kann sich sicher auch für Alternativen wie den Berner Niederlaufhund, den Basset Bleu de Gascogne oder den Basset Artésien-Normand begeistern, die aufgrund ihrer Anatomie wesentlich beweglicher sind.

Podenco

Nahezu sämtliche in Deutschland lebende Podencos stammen aus dem Tierschutz. Viele werden nichtsahnend von gut meinenden Hundefreunden als »Mischlinge« adoptiert. Im neuen Zuhause aber wird schnell klar: Egal, wie mitleiderregend, dürr und klapprig der Hund auch aussehen mag, in ihm schlägt das Herz eines Beutegreifers. Er ist ein auf seine spezielle Umwelt ausgerichteter Vollblutjäger, ein Experte für die Jagd auf Kaninchen – und wie alle hoch spezialisierten Hunde kaum zu etwas anderem zu verwenden. Fast alle »Einwanderer« haben zudem vorher im Rudel gelebt, eine enge Bindung zum Menschen ist deshalb nicht immer zu erwarten. Spaziergänge ohne Leine sind eher die Ausnahme.

Podencos sind intelligent und begreifen schnell, was man von ihnen will, aber sie tun es nicht unbedingt und ordnen sich nur ungern unter. Zur Hundeschule gehen sie nicht, um Benimm zu lernen, sondern um dort gut gelaunt den Laden aufzumischen. Wirkliche Erfüllung findet dieser Hund nur in der Jagd, bei der er im Gegensatz zu anderen Rassen nicht nur Nase oder Augen einsetzt, sondern alle Sinne gleichermaßen nutzt. Windhundrennsport kann eine Alternative sein, um den Podenco ersatzweise zu fordern und zu bewegen. Bekommt er nämlich genügend Auslauf, ist er im Haus ruhig und ausgeglichen. Er ist nicht aggressiv, kommt gut mit anderen Hunden zurecht und ist sehr komfortorientiert. So weiß er einen warmen Platz im Bett oder auf dem Sofa durchaus zu schätzen. Gut ausgelastet, eignet er sich sogar für ein kuscheliges Plätzchen im gut beheizten Büro.

INFOS ZUR RASSE

GESCHICHTE: *Podenco ist ein Oberbegriff für windhundartige Jagdhunde, die zur Hetzjagd eingesetzt werden. Es gibt den Podenco Ibicenco, den von den Kanarischen Inseln stammenden Podenco Canario und den Podenco Português. Alle stammen vermutlich von einem ägyptischen Windhund ab.*

TYP: *Lauf- und Schweißhund*

FELL: *Meist glatt und kurz, aber auch lang- oder rauhaarig; Farben: Rot, Weiß und Kombinationen aus beidem; je nach Schlag auch Schwarz, Gelb und Lohfarben*

GRÖSSE UND GEWICHT: *Podenco Ibicenco: 60 bis 72 cm bei 20 bis 25 kg; andere Schläge teils wesentlich kleiner und leichter*

GUT GEEIGNET FÜR: *Menschen, die wissen, worauf sie sich einlassen, und das katzenhafte Wesen dieser Hunde schätzen*

ANFÄLLIG FÜR: *Keine rassebedingten Erkrankungen bekannt*

HALTER-INTERVIEW

Wie lebt es sich mit einem **Podenco?**

CHRISTINE ENDERLE

Die 44-jährige selbstständige Marketingfachfrau arbeitet im Bereich Freie Medienproduktion. Im Internet verliebte sie sich in das Bild von Louis, einem Podenco, und beschloss, ihn zu adoptieren. Louis ist heute dreieinhalb Jahre alt.

WARUM HABEN SIE SICH EINEN HUND AUS DEM INTERNET AUSGESUCHT ANSTATT AUS DEM TIERHEIM?
Im Tierheim habe ich keinen bekommen, weil ich alleine lebe und Vollzeit arbeite. Ich hatte zwar mit meinem damaligen Arbeitgeber im Vorfeld abgesprochen, dass ich den Hund mit ins Büro nehmen kann. Aber das Tierheim hat trotzdem Nein gesagt. So blieb mir gar nichts anderes übrig, denn ich wollte unbedingt einen Hund aus dem Tierschutz.

WAR IHNEN DENN KLAR, WAS ES BEDEUTET, EINEN PODENCO ZU HABEN?
Zunächst einmal habe ich nur nach einem stehohrigen, strubbligen Hund gesucht, weil das mein »Beuteschema« ist. Dabei bin ich immer wieder auf diese Rasse gestoßen und habe dann angefangen, mich über Podencos zu informieren.

NUN GELTEN PODENCOS JA ALS RECHT SCHWIERIG, WEIL SIE SEHR GERN JAGEN. HAT SIE DAS NICHT GESTÖRT?
Nein, das empfinde ich nicht als schwierig. Bis auf den extremen Jagdtrieb bringt Louis ganz tolle Eigenschaften mit, sodass ich das andere in Kauf nehme.

WELCHE EIGENSCHAFTEN SIND DAS?
Während ich arbeite, brauche ich einen Hund, der ruhig ist und nicht alle zehn Minuten beschäftigt werden will. Ich muss auch mal acht bis neun Stunden konzentriert arbeiten, und mein Hund muss das aushalten können. Jagdhunde können das, weil sie Ökonome sind. Sie ruhen so lange, bis es rausgeht, und dann geben sie richtig Gas. Wenn ich keinen Podenco hätte, hätte ich also unter Umständen eine andere Jagdhunderasse und das gleiche Problem.

WIE GEHEN SIE MIT DEM PROBLEM UM?
Das Schwierigste ist, dem Hund zu vermitteln, dass ich nicht der Bremsklotz am Ende der Leine bin, sondern sein Partner, der mit ihm zusammenarbeitet. Louis bekommt sein Futter daher nur draußen, als Belohnung für gute Zusammenarbeit. Daran habe ich mich von Anfang an gehalten und mach es nach zweieinhalb Jahren auch jetzt noch so. Ich mache Rohfütterung, das heißt, ich fülle alle Zutaten zu Hause in einen Frühstücksbeutel oder ins Futterdummy, und erst dann geht es ab nach draußen.

FÜR WELCHE AUFGABEN BEKOMMT LOUIS SEIN FUTTER?

Das kommt darauf an. Manchmal nur für Aufmerksamkeit, zum Beispiel wenn er sich nach mir umdreht. Oder wenn er den Rückruf befolgt.

VON WELCHEN ERFOLGEN KÖNNEN SIE BERICHTEN?

Inzwischen halte ich die Schleppleine nicht mehr permanent. In übersichtlichem Gelände schleift sie auch einfach einmal über den Boden, weil Louis nicht mehr jeder Spur nachgeht. Er bleibt mittlerweile auch recht zuverlässig auf dem Weg. Aber um das zu erreichen, hatte ich die Schleppleine fast zwei Jahre lang in der Hand oder am Bauchgurt. Wenn ich in die Berge gehe oder es unübersichtlich ist, mache ich das heute noch.

HABEN SIE ES HIN UND WIEDER SCHON BEREUT, SICH EINEN PODENCO ZUGELEGT ZU HABEN?

Wenn Louis einen ganz schlimmen Tag hat, würde ich am liebsten dem nächsten Spaziergänger die Leine in die Hand drücken und sagen: »Nimm ihn!« Im Englischen Garten habe ich auch schon gesagt: »Louis, bleib doch du da, ich nehme den nächsten Labrador.« Aber das sind nur kurze Momente, dann ist alles wieder gut. Ich bin ja gerne mit meinem Hund draußen, und es macht mir Spaß, ihm immer wieder Aufgaben zu stellen.

WIE VIEL ZEIT INVESTIEREN SIE TÄGLICH IN DIE ARBEIT MIT LOUIS?

Zwischen eineinhalb und vier Stunden. Wir machen Dummyarbeit und Mantrailing, aber ich beschäftige ihn auch mit richtiger jagdlicher Arbeit und lege ihm

Schweißfährten, also Fährten mit Rinderblut. Ich habe sogar angefangen, eine Jagdgebrauchshundausbildung mit ihm zu machen.

BEFÜRCHTEN SIE NICHT, IHN DADURCH ERST RECHT ANS JAGEN ZU BRINGEN?

Nein, ich mache das, weil es massiv die Bindung stärkt. Als Louis nach Deutschland kam, hat er sich nicht die Bohne für mich interessiert. Jede Katzenspur war interessanter. Also habe ich zwei Dinge getan: Seinen Radius über die Schleppleine eingeschränkt und ihm erlaubt, bestimmte Dinge zu tun, allerdings nur mit mir zusammen. Und die jagdliche Arbeit gehört dazu. Er darf seinen Job machen, mir im Wald zum Beispiel die Wildwechsel anzeigen, und wird dafür belohnt. Früher wäre er einfach hinterher, und ich hätte ihn an der Schleppleine wieder aus dem Wald zerren können. Heute zeigt er mir Wild an und bekommt dafür sein Essen. Und mir macht es auch Spaß zu sehen, wie motiviert er arbeitet, wenn ich ihm eine Spur mit einer Rehdecke ziehe. Da ist er ganz anders bei der Sache als bei einer Dummysuche. Seine Orientierung an mir ist durch diese Arbeit um vieles besser geworden, weil ich ihn das tun lasse, was seinem Naturell entspricht – aber mit mir zusammen. Und das findet er cool.

WÜRDEN SIE ANDEREN LEUTEN ZU DIESER RASSE RATEN?

Nur wenn man diese Eigenständigkeit wirklich zu schätzen weiß. Das ist kein Hund, der einem Menschen gern gefallen möchte. Man braucht daher ein gewisses Selbstbewusstsein, um damit leben zu können, dass einen der Hund unter Umständen über Jahre draußen ignoriert.

Whippet

Man erkennt es auf den ersten Blick: Dieser Hund ist allein für Geschwindigkeit und Leistung gebaut. Der Whippet ist eine englische Windhundrasse und zählt zu den schnellsten der Welt.

Windhunde sind heutzutage, verglichen mit anderen Rassen, am weitesten von ihrer eigentlichen Bestimmung entfernt – sieht man einmal von einem Husky in einer südlichen Großstadt ab. Außer auf Rennplätzen können sie nirgendwo mehr richtig laufen. Dabei wurden sie einst zur Hetzjagd gezüchtet, sollten das Wild erspähen, jagen, einholen und niederreißen. Das Herz eines Windhundes ist im Verhältnis zu seinem Körpergewicht und seiner Körpergröße etwa zehnmal so groß wie das eines Pferdes. Seine Wirbelsäule kann sich wie ein Bogen krümmen, sodass die Hinterläufe weit an den Vorderläufen vorbei nach vorne greifen und den Körper regelrecht vorwärtsschleudern. Wohl einmalig im Hundereich ist, dass der Windhund seine Nase nur wenig nutzt; der Geruchssinn spielt bei ihm eine untergeordnete Rolle. Er verlässt sich stattdessen auf seine vorzüglichen Augen und Ohren. Als Sichtjäger sieht er Wild schon weit vor dem Menschen. Sobald sein Hetztrieb ausgelöst wurde, setzt das »Gut-hören-Können« allerdings völlig aus. Dann hilft nur noch warten und hoffen, dass er irgendwann wieder kommt.

Der Whippet ist relativ alltagstauglich und im Gegensatz zu Afghane oder Sloughi gut erziehbar. Er gehört zu den wenigen Windhunden, die man auch unter räumlich beschränkten Verhältnissen gut halten kann. Bekommt er genügend Bewegung, kann er problemlos auf einer Etage leben. Er zeigt eine herzerwärmende Anhänglichkeit, ist auf ständigen Kontakt bedacht und möchte immer und überall dabei sein. Bei Regen geht er nur ungern nach draußen, und um Pfützen macht der wasserscheue Hund einen großen Bogen. Er ist ein idealer Begleiter für die ganze Familie, freundlich, anhänglich, ausgeglichen und anpassungsfähig. Zu Hause ist er ein Kuscheltier, der Bewegungsdrang erwacht erst im Freien. Der Whippet besitzt keinen Wachinstinkt und bellt kaum. Wer ihn hält, sollte allerdings in der Lage sein, ihm täglich mindestens zwei Stunden freie Bewegung oder zumindest Trab neben dem Rad zu verschaffen. 🐾

INFOS ZUR RASSE

GESCHICHTE: *Die Rasse entstand im 19. Jahrhundert vermutlich aus Greyhounds, Italienischen Windspielen und englischen Terriern, die dem Whippet den Schneid und das Temperament verliehen haben. Die Hunde wurden vor allem für ihren Auftritt auf der Rennbahn gezüchtet, wo sie Geschwindigkeiten von bis zu 65 Kilometer pro Stunde erreichen. Wilderer und Jäger hielten die zähen Hunde für die Jagd auf freiem Feld, weil sie, wie alle Windhunde, auf Sicht jagen. Whippets laufen heute noch auf Rennbahnen, meist werden sie jedoch als pflegeleichte Familienbegleiter gehalten.*

TYP: *Windhund*

FELL: *Kurz, ohne Unterwolle; Farben: alle Variationen erlaubt, auch gestromt, mit Flecken, Blessen und Punkten*

GRÖSSE UND GEWICHT: *Schulterhöhe von 44 bis 51 cm, Gewicht: 10 bis 15 kg*

GUT GEEIGNET FÜR: *Aktive Familien und Menschen, die viel in Bewegung sind*

ANFÄLLIG FÜR: *Keine rassetypischen Krankheiten bekannt; Whippets frieren jedoch leicht und erkältet sich recht schnell, weshalb sie bei schlechtem Wetter einen Mantel tragen sollten.*

MITTELGROSSE HUNDERASSEN

Collie

Kinder wünschen sich einen Hund wie Lassie. Ein Freund, der für sie da ist, zuhört und mitspielt. Erwachsene möchten einen unkomplizierten, anpassungsfähigen Familienhund, der nicht wildert und gut gehorcht. Mit einem Collie könnten beide Seiten zufrieden sein. Dieser Hund stellt im Wesentlichen zwei Ansprüche: Er will immer mit dabei sein dürfen und viel laufen. Der Collie ist temperamentvoll und spielfreudig, ein Leben lang, dabei ausgesprochen intelligent und zugleich gerne gehorsam. Er eignet sich für Alleinstehende, die genügend Zeit aufbringen, mit ihm tägliche Wanderungen zu machen, genauso wie für eine lebhafte Familie mit Kindern.

Ursprünglich bestand die Aufgabe dieses schottischen Schäferhunds darin, halbwilde Schafe in schwer zugänglichem Gelände zu hüten und zusammenzutreiben. Heute unterscheidet man in der »Colliefamilie« drei Varianten: Da gibt es zum einen den ursprünglichen Schottischen Schäferhund, der eigentlich nie wie Lassie war. Der amerikanische Collie dagegen war im Grunde nie ein Schäferhund, sondern wurde ausschließlich auf Imposanz und üppiges Fell gezüchtet. Der Dritte im Bunde, der kurzhaarige Collie, ist der seltenste und kommt dem alten Arbeitshundetypus noch am nächsten. Er ist belastbarer, weniger sensibel als sein langhaariger Vetter und gleichzeitig agiler und spritziger. Er sieht zwar nicht so beeindruckend aus, dafür ist die Fellpflege wesentlich einfacher. Gemeinsam ist allen eine ausgeprägte Bindungsbereitschaft, Lernfreude und Leichtführigkeit. Einziger Nachteil: Collies sind sehr bellfreudig und neigen dazu, all ihre Gemütsregungen mit Tönen zu unterstreichen.

Wem Lassie zu groß geraten ist, dem bietet sich eine Alternative: Der Shetland Shepdog, kurz Sheltie genannt, ist ein kleiner Collie, der als eigene Rasse geführt wird. Er stammt von den Shetland Inseln, wo er, passend zum eigenen Format, Zwergrinder, Shetlandponys und Minischafe hütete. Er ist ebenfalls ein liebevoller Kinderhund, feinfühlig, temperamentvoll und leicht zu erziehen. 🐾

INFOS ZUR RASSE

GESCHICHTE: *In Schottland kennt man diesen Schäferhund seit dem 13. Jahrhundert. Seinen Namen verdankt er den Schafen, die er in den Hochmooren bewachte: Die zweifarbigen Tiere wurden Colleys genannt. 1840 wurde in England der erste Collie Club gegründet, der Rassestandard wurde 1881 festgeschrieben.*

TYP: *Begleithund*

FELL: *Langhaar: Langes, eher grobes Deckhaar mit weicher, dichter Unterwolle, muss regelmäßig gekämmt werden, ist aber strapazierfähiger und unempfindlicher als bei anderen Langhaar-Rassen; Kurzhaar: kurz, stockhaarig; Farben: Zobel-Weiß, Tricolor, Blue-merle*

GRÖSSE UND GEWICHT: *Schulterhöhe von 51 bis 61 cm, Gewicht: 20 bis 30 kg (US-Standard: 55 bis 65 cm, 25 bis 37 kg)*

GUT GEEIGNET FÜR: *Familien und Menschen, die sich gerne bewegen und noch nicht viel Erfahrung mit Hunden haben*

ANFÄLLIG FÜR: *Hüftdysplasie, Augenerkrankungen (CEA, PRA), vereinzelt Epilepsie, empfindlicher Magen-Darm-Trakt, Geräuschempfindlichkeit; reagiert extrem empfindlich auf bestimmte Medikamente (MDR1-Defekt)*

Australian Shepherd

Der Australian Shepherd ist ein überaus intelligenter, mittelgroßer, bunter Hund mit schönem, dichtem Fell. Verständlich, dass er vielen Menschen gefällt. Doch sein anspruchsvolles Wesen und sein Temperament sind nicht für jedermann geeignet. Der Aussie ist reaktionsschnell, blitzgescheit und merkt sich Dinge prompt, auch Negatives. Er ist ein Hund mit eingebautem Turbolader und versteckter Bremse. Weiß man jedoch, wo sich diese befindet, lässt er sich gut steuern.

Der Australian Shepherd hat neben Hüte- auch noch Schutzhundqualitäten, ist vielseitiger und weniger devot als der Border Collie (→ Seite 106). Gelegentlich wird er als »Border Collie light« bezeichnet, was impliziert, dass sein Hütetrieb besser zu kontrollieren sei als der des Borders. Dem ist entgegenzuhalten, dass der nicht geforderte, unausgelastete Australian Shepherd ähnliche Verhaltensauffälligkeiten entwickelt wie der Border Collie, der in seiner Not eben auch die Fliege an der Wand hütet oder hypernervös wird. Mittlerweile gibt es jedoch auch Züchter, die sich auf ruhige, nervenfeste und weniger triebstarke Familienhunde spezialisiert haben. Wer sich einen Aussie zulegen möchte, sollte sich vorher die Elterntiere anschauen, um zu sehen, ob diese ausgeglichen und entspannt wirken.

Für ein ausgeglichenes Wesen ist es zudem sehr wichtig, dass man diesen Hund im ersten Jahr nicht aufdreht, sondern mit Ruhe und Besonnenheit arbeitet. Anderenfalls nennt man am Ende ein unkontrolliert bellendes Nervenbündel sein Eigen. Ganz konkret heißt das: Stundenlanges Bällchen werfen oder halbe Marathonläufe lasten diesen Hund nicht aus, sondern bauen lediglich Kondition auf und fördern ungesunde Fixierungen. Interessenten sollten sich daher ehrlich die Frage stellen, ob sie bereit sind ihre Lebensgewohnheiten so umzustellen, dass sie diesem aktiven Hütehund gerecht werden können. Wer keine Rinder oder Schafe hat, muss dem Aussie eine Auslastung bieten, die nicht triebbestimmt ist, seine Intelligenz anspricht und ihn entspannt. In den richtigen Händen lässt er sich zum Beispiel ohne Weiteres zum Rettungs- oder Therapiehund ausbilden. 🐾

Australian Shepherd

INFOS ZUR RASSE

GESCHICHTE: *Nach Amerika eingewanderte Schafzüchter aus aller Herren Länder brachten oft auch ihre Schäferhunde mit in die neue Heimat. Mit den Hütern australischer Schafe kamen dingo- und collieartige Typen dazu. Aus all diesen Schlägen und Rassen entwickelte sich der Australian Shepherd.*

TYP: *Arbeits- und Hütehund*

FELL: *Gerade bis gewellt, mittellang und mit dichter Unterwolle; Farben: von Schwarz über Blue- und Red-Merle bis Rot; die beliebten »bunten« Aussies mit dem sogenannten Merle-Gen haben häufig blaue Augen; bei diesen Farbschlägen handelt es sich jedoch um einen Gendefekt.*

GRÖSSE UND GEWICHT: *Schulterhöhe von 48 bis 58 cm; Gewicht: 16 bis 28 kg*

GUT GEEIGNET FÜR: *Erfahrene Hundehalter, die genügend Zeit und Kenntnisse mitbringen, um diesen anspruchsvollen Hundetyp richtig auszulasten*

ANFÄLLIG FÜR: *Hüftgelenks- und Ellbogendysplasie; bei Verpaarungen zwischen Merle-Hunden kommen häufig blinde und taube Welpen zur Welt, weshalb die Vermehrung in Deutschland verboten ist.*

Border Collie

Sobald im Norden der Britischen Insel, im Grenzgebiet zwischen England und Schottland, im Frühjahr die Schafe lammen, beginnt die Arbeit der Border Collies. Damit die Herden genug Futter finden, müssen sie mit ihnen lange Strecken bewältigen. Dabei läuft so ein Hund bis zu 150 Kilometer am Tag – diese Tatsache verleiht dem Ausdruck »genügend Auslauf« eine ganz neue Dimension. Im Umgang mit Nutzvieh kann ein Border Collie zudem bis zu zwölf Personen ersetzen. Er treibt alles, vom Küken bis zum Zuchtbullen. Um seine Art zu verstehen, muss man begreifen, was dabei in ihm vorgeht: Die zur Arbeit an der Herde typischen Verhaltensweisen, nämlich Anschleichen und Fixieren, machen einen Border Collie ausgesprochen glücklich und verhelfen ihm so zu einer Art »Kick«. Im Gegensatz zu anderen Hütehund-Rassen akzeptiert der Border Collie den Menschen gerne als »Leitfigur«. Er versteht sich als Teamarbeiter, der Aufgaben erhält und diese so gut wie möglich erfüllen möchte. Wenn Sie einen dieser schlauen Hunde halten wollen, sollten Sie ihm also etwas zu tun geben. Wird das nicht beachtet, kann er zum Tyrann oder gemütskrank werden. Ein typisches Beispiel dafür sind Border Collies, die den ganzen Tag mit Ballspielen beschäftigt werden. Ihr Leben dreht sich um nichts anderes mehr, und sie legen jedem Spielzeug vor die Füße, ob er will oder nicht. Andere fangen an, Jogger, Autos, ja sogar Wolken zu hüten oder Fliegen an der Wand zu fixieren. Da der extreme Hütetrieb dieser Hunde sogar die existenziellen Bedürfnisse wie Schlafen oder Fressen übersteigen kann, gilt gerade im ersten Lebensjahr: Maß halten! Soll der Border Collie ein Familienhund sein, muss man ihn gut ausbilden, seine Intelligenz ansprechen und ihn mit Nasenarbeit, Agility, Obedience und Tricks beschäftigen. Auf keinen Fall sollten Sie ausprobieren, ob der eigene Border Collie auch hüten kann. Damit wecken Sie im wahrsten Sinn schlafende Hunde. 🐾

Border Collie

INFOS ZUR RASSE

GESCHICHTE: *Schon im 16. Jahrhundert setzte man in Großbritannien »shep dogs« zum Sammeln der Tiere ein. Als Stammvater der modernen Border Collies wird der 1893 geborene Rüde »Old Hemp« angesehen, der das Verhalten von Schafen einschätzen konnte wie kein anderer und daher als Zuchthund sehr begehrt war. Er soll über 200 Nachkommen gezeugt haben.*

TYP: *Arbeits- und Hütehund*

FELL: *Stock- oder langhaarig; Farben: Alle Farben sind erlaubt, allerdings darf Weiß nicht überwiegen*

GRÖSSE UND GEWICHT: *Schulterhöhe von 50 bis 55 cm, Gewicht: 14 bis 22 kg*

GUT GEEIGNET FÜR: *Menschen, die einen Arbeitshund verantwortungsvoll ausbilden und auch auslasten können*

ANFÄLLIG FÜR: *Retinaatrophie (Absterben der Netzhaut), Hüftgelenksdysplasie, Epilepsie*

HALTER-INTERVIEW

Wie lebt es sich mit einem Border Collie

DANIELA VON BROCKE
Die 41-jährige Physiotherapeutin ist verheiratet und hat einen 14-jährigen Sohn. Sie bringt von klein auf bereits viel Hundeerfahrung mit. Zur Familie gehört Border Collie Reedy, 1,5 Jahre alt.

MIT WELCHEN ERWARTUNGEN HABEN SIE DIESEN HUND ANGESCHAFFT?
Wir sind sehr viel sportlicher als die meisten anderen Familien. Mein Mann und ich laufen Ultramarathon. Und wir haben schon zweimal den Transalpine Run geschafft, das ist ein mehrtägiger Lauf, 300 Kilometer quer über die Alpen. Dafür müssen wir natürlich Langstreckenläufe trainieren, und zwar nicht nur auf Wegen, sondern über unebenes Gelände. Wir haben also nach einem Hund gesucht, der uns bei unseren fünf- bis sechsstündigen Trainingsläufen querfeldein begleiten kann. Und das macht dieser Hund hervorragend mit.

WAR DER SPORTLICHE ASPEKT DAS EINZIGE KRITERIUM BEI DER ENTSCHEIDUNG?
Nein, ich habe zudem immer schon mit der Rettungshundearbeit geliebäugelt und weiß auch, dass der Border Collie vor allem intelligent beschäftigt werden muss. Außerdem tun Hunde generell der Seele und dem Familienleben gut. Aber das ist natürlich unabhängig von der Rasse.

WAS FÄLLT IHNEN IM ALLTAG AM BORDER COLLIE BESONDERS AUF?
Mir fällt auf, dass Reedy andauernd mit mir kommuniziert. Wenn wir zusammen draußen sind, ist er ständig präsent, aktiv dabei. Ich habe immer das Gefühl, wirklich einen Partner an meiner Seite zu haben. Das fasziniert mich an Reedy.

WER KÜMMERT SICH VORWIEGEND UM DEN HUND?
Ich. Die anderen kümmern sich dann, wenn sie Zeit haben, aber bei mir gehört Reedy fest zu meinem Tagesablauf. Mein Mann geht jeden Morgen um 6 Uhr eine Stunde mit ihm laufen, mein Sohn spielt im Garten mit ihm oder geht abends mal eine Runde. Ich habe ihn den Rest der Zeit und mache mit Reedy die Rettungshundearbeit, die sehr ausbildungsintensiv ist. Wir gehen mehrmals in der Woche zum Training.

WAS EMPFINDEN SIE IM ALLTAG ALS SCHWIERIG?
Das Zeitmanagement. Meine berufliche Organisation und mein Haushalt drehen sich um den Hund. Ich kann nicht einfach einmal zehn oder elf Patienten hintereinander betreuen.

Ich muss mir feste Zeiten für Reedy einplanen und ihn dann auch gezielt beschäftigen. Dieser Hund braucht viel Zeit, mit einer schnellen Gassirunde ist es nicht getan. Was gar nicht geht, ist, beim Gassigehen abzuschalten, zu telefonieren oder Musik zu hören. So präsent, wie der Hund immer ist, muss ich auch ihm gegenüber sein. Wir trainieren unterwegs Unterordnung für die Rettungshundeprüfung, machen Suchspiele oder Distanzübungen. Außerdem ist der Border Collie ein Hund, der sich schnell an feste Abläufe gewöhnt und diese dann auch einfordert. Es ist daher sehr wichtig, dass man ihm ständig Abwechslung bietet, auch um ihn nicht zu langweilen. Man muss ihn immer wieder überraschen. Ich mache mit Reedy zum Beispiel nie ein und dasselbe Spiel an ein und derselben Stelle mit ein und demselben Spielzeug. Wirklich nie.

WIE VIEL ZEIT RECHNEN SIE TÄGLICH FÜR REEDY EIN?

Drei bis vier Stunden, locker. Daneben beziehe ich ihn im Alltag noch ständig ein, lasse ihn mithelfen, die Waschmaschine ausräumen oder den Besen in den Garten tragen. Er ist immer mit dabei, wie ein Schatten. Hin und wieder muss ich ihm bewusst Ruhepausen verschaffen, indem ich ihn ablege und eine Zeit lang nicht beachte. Aber wenn ich mich dann im Haus weiter wegbewege, kommt er mir nach und legt sich in meiner Nähe wieder hin. Reedy ist da ähnlich wie ein Kleinkind, das ständig hinter der Mutter herläuft, mitmachen und mit einbezogen werden möchte. Das kann auch sehr anstrengend sein, weil man nie alleine ist.

VON WELCHEN SCHWIERIGKEITEN MIT DER RASSE KÖNNEN SIE BERICHTEN?

Es heißt immer, der Border Collie sei leicht zu erziehen. Aber das stimmt nicht. Er ist überhaupt nicht leicht zu erziehen. Der hat so eine schnelle Auffassungsgabe und guckt sich auch viel ab. Dadurch eignet er sich in null Komma nichts alles Mögliche an, auch Unerwünschtes. Diesem Hund reicht bereits eine Erfahrung. Wenn man also nur einmal nicht konsequent ist oder ein kleiner »Fehler« passiert, hat er bereits wieder etwas gelernt. Bei einem Border Collie braucht man diese Mischung aus Konsequenz und Einfühlungsvermögen. Man benötigt einen sehr feinen Regler, viele Zwischentöne für diesen Hund. Wir hatten früher einen Terrier, der hat dir selbst grobe Fehler verziehen. Aber der Border Collie merkt sich alles und ist nachtragend. Diese Rasse ist zu 100 Prozent nicht die richtige Wahl für jemanden, der das erste Mal einen Hund hat. Das ginge total in die Hose.

WELCHEN ANDEREN FAMILIEN WÜRDEN SIE DENN ZU DIESER RASSE RATEN?

Ich habe schon mehrere verhaltensauffällige Border gesehen, die in einem Umfeld leben, in dem sie einfach nicht zur Ruhe kommen. Daher würde ich nur sehr aktiven, in sich harmonischen Familien zu dieser Rasse raten. Für Familien mit kleinen Kindern ist ein Border nichts. Er ist zwar kinderlieb, wird aber zu nervös, wenn es laut ist oder die Kinder ständig an ihn ranwollen. Zudem versucht er immer, alle zusammenzuhalten, guckt, wo wer hingeht. Wenn da mehrere Kinder rumwuseln, kann der Hund einfach nicht entspannen.

Bearded Collie

Selten trifft man auf eine Rasse, die ihre unbändige Lust am Leben so deutlich zeigt. Doch das Zusammenleben mit einem Bearded Collie hat zwei Seiten: Auf der einen Seite ist er leicht zu erziehen, sehr intelligent und ist pflegeleichter als ein Bobtail. Auf der anderen Seite schleppt er jede Menge Dreck ins Haus, braucht enorm viel Beschäftigung für seinen klugen Kopf und ein hohes Maß an Bewegung. Beardies, wie ihn seine Freunde nennen, lieben Pfützen und Dreck. Menschen, denen ein gepflegtes Zuhause über alles geht, sollten sich die Anschaffung solch eines lang-zottelhaarigen Hütehundes also gut überlegen.

Der Bearded will etwas tun, ist also nichts für den eher sofaorientierten Halter. Als intelligenter Arbeitshund braucht er eine anspruchsvolle Beschäftigung, damit er vor lauter Langeweile nicht auf dumme Gedanken kommt. Nichts ist schlimmer für ihn als eintönige Unterordnungsübungen. Doch abgesehen von diesen Ansprüchen ist der Beardie ein feinfühliger, fröhlicher und temperamentvoller Hund und als solcher gut für eine Familie geeignet. Er ist schnell, wendig, aufmerksam, vital, selbstsicher und verbreitet garantiert gute Laune. Ein weiterer Vorteil: Er bleibt bei Spaziergängen gerne in der Nähe seiner Familie, denn an der Jagd ist er nicht sonderlich interessiert. Der Bearded Collie ist nicht aggressiv und versteht sich auch nicht als Wachhund, ein großes Plus für alle Familien mit Kindern, bei denen ständig Freunde ein und aus gehen.

Wenn Sie also reinen Gewissens von sich selbst behaupten, dass Schmutz im Haus Sie nicht besonders stört, Sie möglichst keine Teppichböden und keine Fußbodenheizung haben, auch bei Regen und Kälte lange Spaziergänge lieben und dem Hundesport etwas abgewinnen können, dann ist der »Bärtige« genau der richtige Hund für Sie. 🐾

INFOS ZUR RASSE

GESCHICHTE: *Der Bearded Collie war im 17. Jahrhundert ein gebräuchlicher Hüte- und Viehtreiberhund schottischer Schäfer. Aus dem derb-rustikalen Hütehund wurde nach und nach eine frisierte Schönheit.*

TYP: *Hüte- und Familienhund*

FELL: *Lang, dicht und hart mit weicher Unterwolle; Farben: Schwarz, Schiefergrau, Blau, Hellgrau, Braun und Sandfarben, mit und ohne weiße Abzeichen*

GRÖSSE UND GEWICHT: *Schulterhöhe von 50 bis 59 cm, Gewicht: 18 bis 28 kg*

GUT GEEIGNET FÜR: *Naturliebhaber mit und ohne Familienanschluss, die genug Zeit und Lust haben, um ihren Hund mit Beschäftigungen wie Agility und Treibball auslasten zu können*

ANFÄLLIG FÜR: *Relativ frei von Erbkrankheiten; bei falscher oder mangelhafter Pflege empfindliche Haut*

MITTELGROSSE HUNDERASSEN

Pudel

Er hätte ein Comeback wirklich verdient. Denn der Pudel ist, egal mit welcher Frisur, einer der intelligentesten und charmantesten Rassehunde überhaupt und könnte damit anderen Hunderassen ohne Weiteres den Rang ablaufen. Kaum etwas, was der Lockenkopf nicht lernen kann oder will. Er ist zuverlässig, loyal und leicht zu erziehen.

Auch wenn es angesichts mancher Ausstellungsexemplare schwer zu glauben ist, war der Pudel früher ein Jagdhund, zumindest der Großpudel. Er wurde vor allem bei der Wasserjagd eingesetzt, daher auch das typische Haarkleid, das die Körperwärme speichert, und aus dem die Nässe in null Komma nichts abläuft.

Es gibt vier Typen: Groß-, Klein-, Zwerg- und Toypudel. Der Großpudel hat hin und wieder noch etwas Jagdpassion, die kleineren sind bellfreudiger und aktiver. Allen geblieben ist der Spaß am Apportieren. Die Anschaffung eines empfindlichen Toypudels sollte man sich allerdings gut überlegen. Diese Tiere sind sehr zart und mitunter auch schreckhaft, und damit nichts für einen turbulenten Haushalt mit Kleinkindern. Die anderen Pudelarten vom Zwerg aufwärts sind dagegen robust, schnell, leicht und athletisch, kurzum echte Multitalente, die sich für Arbeit, Alltag und Sport gleichermaßen gut eignen. Der Pudel ist spritzig, liebenswürdig, pfiffig und stets bemüht, es seiner Familie recht zu machen. Doch so viel Klasse gibt es nicht umsonst. Man sollte sich schon etwas anstrengen und den klugen Kerl nicht unterfordern. Tägliche Routinespaziergänge reichen ihm nicht, und immer dieselben Übungen zu machen langweilt ihn zu Tode. Der Pudel ist sehr stark auf seine Familie fixiert und unternimmt lieber etwas mit seinen Menschen zusammen als mit Artgenossen zu spielen. Abgesehen von der Frisurgestaltung ist der Pudel erstaunlich pflegeleicht. Er haart nicht und sollte nur hin und wieder gebürstet werden, um nicht zu verfilzen. Alle sechs Wochen muss er zum Friseur und je kürzer man ihn dort scheren lässt, umso unkomplizierter ist die Fellpflege. 🐾

112

INFOS ZUR RASSE

GESCHICHTE: *Alt ist die Rasse bestimmt, aber über den Ursprung weiß man nichts Genaues. Man findet den Pudel bereits auf Abbildungen des Barock und des Rokoko. Er wurde ursprünglich als Jagdhund gezüchtet.*

TYP: *Gesellschafts- und Begleithund*

FELL: *Dicht, gekräuselt und wollig; das stetig wachsende Fell sollte mehrmals in der Woche gebürstet und alle sechs bis acht Wochen geschoren werden; Farben: Schwarz, Weiß, Braun, Silber, Apricot, Harlekin und Schwarz-Loh*

GRÖSSE UND GEWICHT: *Großpudel: bis zu 60 cm bei einem Gewicht von ca. 25 kg; Toypudel: ca. 25 cm bei 2 kg; dazwischen sind alle Größen erhältlich*

GUT GEEIGNET FÜR: *Familien mit Kindern ebenso wie für Singles und Senioren*

ANFÄLLIG FÜR: *Beim Großpudel gelegentlich Hüftgelenksdysplasie; bei den Klein-, Zwerg- und Toypudeln manchmal Progressive Retinaatrophie (fortschreitender Netzhautschwund) und Grauer Star, kleine Pudel können zudem Probleme mit den Kniescheiben bekommen.*

Entlebucher Sennenhund

Der Entlebucher ist kein Begleiter, mit dem man auf der Straße Aufsehen erregt. Der kleine, kompakte Hund wird in den meisten Fällen eher für einen Mischling gehalten und nur von Kennern sofort erkannt. Er ist der klassische Haus- und Hofhund, der den Besitz bewacht, nicht herumstreunt, die anderen Haustiere in Ruhe lässt und mit den Kindern spielt. Trotzdem ist der Entlebucher von seinem Wesen her immer noch ein Arbeitshund: eifrig, ausgeglichen, selbstsicher und belastbar. Er liebt es, gefordert zu werden, ist ausdauernd, intelligent und gelehrig.

Als ehemaliger Viehtreiber ist er robust und wenig zimperlich, der richtige Hund für eine Familie mit vier Jungs, mit denen er den ganzen Tag herumbalgen kann. Allerdings ist der Entlebucher auch schlau und braucht ebenso dringend geistige Beschäftigung.

Der kleinste Vertreter der vier schweizerischen Sennenhunde wurde ganz pragmatisch nach seiner Herkunft benannt: Entlebuch, einem Tal der Kantone Luzern und Bern. Seine Vettern sind der Großer Schweizer, der Berner (→ Seite 156) und der Appenzeller Sennenhund. Letzterem ist er zum Verwechseln ähnlich. Auseinanderhalten kann man Appenzeller und Entlebucher am ehesten durch die Form der Rute: Die des Appenzellers ist über den Rücken gebogen, die des Entlebuchers nicht. Der Appenzeller ist außerdem etwas größer. Ansonsten sind beide wachsam, flink und pflegeleicht. Dürfen sie sich wenigstens einmal am Tag richtig austoben, eignen sie sich hervorragend als Familienhunde. Sie sind allerdings mit einem gewissen Misstrauen gegenüber Fremden ausgestattet und sehr bellfreudig. Welpen müssen daher ausreichend sozialisiert und das Bellen von Anfang an in kontrollierte Bahnen gelenkt werden. Ansonsten sind sowohl Entlebucher wie Appenzeller unkomplizierte, aufmerksame und unerschrockene Begleiter, die für »Action« stets zu haben sind. Mit ihrem lebhaften Temperament und ihrem Arbeitseifer kann man mit ihnen hervorragend die verschiedensten Hundesportarten betreiben. 🐾

INFOS ZUR RASSE

GESCHICHTE: *Die erste Beschreibung des »Entlibucherhundes« stammt aus dem Jahr 1889. Zu dieser Zeit waren alle vier Sennenhundtypen beinahe ausgestorben. Franz Schertenleib, Albert Heim und weiteren Hundefreunden gelang es jedoch, sie zu retten und die jeweilige Zucht zu erneuern. Zu dieser Zeit erhielten die vier Rassen auch ihre heute noch anerkannten Namen.*

TYP: *Treib,- Hüte-, Wach- und Begleithund*

FELL: *Kurz, fest, stockhaarig; farblich kein Unterschied zu den anderen Schweizer Sennenhunden: Grundfarbe Schwarz mit rotbraunen Abzeichen an den Backen, über den Augen sowie an Läufen und Brust, außerdem weiße, symmetrisch deutlich abgegrenzte Abzeichen an Kopf, Fang, Vorderbrust und Pfoten sowie eine weiße Rutenspitze*

GRÖSSE UND GEWICHT: *Schulterhöhe von 42 bis 50 cm, Gewicht: 25 bis 30 kg*

GUT GEEIGNET FÜR: *Sportliche, aktive Singles und Familien, die bei jedem Wetter gerne draußen sind*

ANFÄLLIG FÜR: *Hüftgelenksdysplasie, Augenkrankheiten wie Grauer Star und Progressive Retinaatrophie*

MITTELGROSSE HUNDERASSEN

Irish Setter und English Setter

Wer an einen Setter denkt, hat fast immer den Irish Red vor Augen. Kein Wunder, schließlich ist er derjenige von allen vier Setter-Rassen, der in Deutschland am meisten verbreitet ist; außer ihm gibt es noch den Irish Red and White Setter sowie den English und den Gordon Setter. Doch egal, ob weißes oder rotes Fell: Ein Setter hat zwei Seelen in seiner Brust. Die eine ist die eines Gentleman, dezent, höflich, liebevoll und sanft. Die andere ist die eines heißblütigen Naturburschen und passionierten Jägers.

Der English gilt als der sanftmütigste und schnellste unter den Settern. Ebenso wie seine irischen Vettern wurde er allerdings nicht als Jagdhund populär, sondern weil immer mehr Menschen ihn zum Repräsentieren, seiner Schönheit und Eleganz wegen hielten. Dabei gibt es für einen Setter nichts Schlimmeres, als ein Dasein als »Dekorationsstück« zu fristen und täglich nur zwei kleine Runden um den Block zu drehen. Setter wollen »fliegen«. Ihr Lebensraum ist das weite, offene Feld, die freie Landschaft mit Rebhühnern und Fasanen. Dieser Hund muss laufen und arbeiten dürfen, erst dann ist er auch ein angenehmer Haus- und Familienhund. Daher sollten Sie sich die Anschaffung dieses wunderschönen Tieres wirklich gut überlegen. Allein als hübscher Blickfang ist der Setter viel zu schade!
Sowohl der English wie auch der Irish Setter sind weicher und anschmiegsamer als andere Jagdhunde. Sie sind sensibler, auch etwas nachtragender und brauchen einen Besitzer, der ihnen nicht mit Härte, sondern mit viel Empathie begegnet. Ein Setter ist kein Hund, der auf Machtproben aus ist, im Gegenteil. Der Gehorsam liegt ihm im Blut. Seine Erziehung sollte allerdings gefestigt sein, bevor er seinen Jagdtrieb entdeckt. Trotzdem: Entspannte Spaziergänge sind mit diesem »Gentleman in Seide«, wenn überhaupt, erst im Greisenalter möglich. Daher ist dieser freundliche, sensible und gefügige Hund trotz seines angenehmen Wesens nicht für Anfänger geeignet. ❧

INFOS ZUR RASSE

GESCHICHTE: *Red and White scheint der ältere irische Setter zu sein. Der English Setter entstand im 19. Jahrhundert.*

TYP: *Jagdgebrauchs- und Begleithund*

FELL: *Lang, seidig; Farben: Rot (Irish), Weiß mit rotbraunen (Irish Red and White) oder gelben, orangefarbenen, braunen, schwarzen Tupfen (English), Schwarz mit rotem Brand (Gordon)*

GRÖSSE UND GEWICHT: *Schulterhöhe von 55 bis 68 cm, Gewicht: 27 bis 32 kg*

GUT GEEIGNET FÜR: *Aktive, sportliche Menschen und vor allem für Jäger*

ANFÄLLIG FÜR: *Canine-Leukozyten-Adhäsions-Defizienz (Erbkrankheit, die zu starker Infektionsanfälligkeit führt), Taubheit, Ekzeme, Leukodystrophie (Stoffwechselerkrankung des Gehirns)*

Designerdogs: Goldendoodle

Es gibt Rassehunde und, na klar, Mischlinge. Seit einigen Jahren gesellt sich zu diesen zwei noch eine dritte Gruppe hinzu, die Designerdogs, auch Hybrid-Hunde genannt. Hinter kuriosen Bezeichnungen wie Labradoodle, Goldendoodle, Puggle, Schnoodle oder Chiweenie steckt nichts anderes als die gezielte Verpaarung zweier unterschiedlicher reinrassiger Elternteile. Designerdogs sind fast immer Nachfahren der ersten Generation, denn nur so lässt sich bis zu einem gewissen Grad vorhersagen, wie die Hunde aussehen und wie sich verhalten werden. Züchter von Cockapoos und Co. werben gerne mit dem Spruch, dass ihre Mischlinge die besten Eigenschaften der Ursprungsrassen in sich vereinen und dass sie deshalb die »besseren« Hunde seien. Das kann beim einzelnen Tier auch durchaus der Fall sein, sofern ihn seine Gene zufällig entsprechend begünstigen. Wenn Sie Pech haben, integriert der auserkorene Welpe jedoch gerade die weniger angenehmen Eigenschaften der Ursprungsrassen beziehungsweise die, mit denen man am wenigsten gut leben kann.

Eine der beliebtesten Kreuzungen ist der Goldendoodle. Er kann in Charakter und Aussehen sowohl dem Golden Retriever als auch dem Pudel ähneln, je nachdem, welche Gene dominanter durchschlagen. Der Goldendoodle ist, ähnlich wie der Labradoodle, meistens ein liebevoller, geduldiger Begleiter und daher familien- und kindertauglich. Im Idealfall ist er devot, sanftmütig, menschenbezogen, verspielt und apportiert gern. Daher werden diese Hunde gerne im Therapiebereich und als Behindertenbegleithund ausgebildet. Doch auch ein Designerdoodle hat kein eingebautes genetisches Programm für Wohlerzogenheit und braucht dieselbe Zeit, Konsequenz und Beschäftigung wie seine reinrassigen Pudel- und Retrievereltern. Letztlich gilt für die Modehunde dasselbe wie für alle anderen auch: Ein Hund ist und bleibt ein Hund. 🐾

INFOS ZUR RASSE

GESCHICHTE: *Der Boom begann 1988 mit dem Australian Labradoodle, der als Blindenführhund mit antiallergenem Fell gedacht war. Die »Rasse« erfüllte zwar nicht die Erwartungen, trotzdem stieg die Nachfrage so stark an, dass der Labradoodle bald mehr kostete als seine reinrassigen Elternteile.*

TYP: *Begleithund*

FELL: *Mittellang mit Unterwolle und Korkenzieherlocken; Farben: Creme, Gold, Apricot, Schokobraun, Grau, Schwarz*

GRÖSSE UND GEWICHT: *Es gibt drei Gewichtsklassen: »Normaler« Goldendoodle (aus Verpaarung Retriever und Großpudel): 50–70 cm, 20–35 kg; mittlerer Goldendoodle (aus Retriever und Kleinpudel): 35–50 cm, 10–20 kg; kleiner Goldendoodle (Mischung mit Zwergpudel): 25–35 cm, 5–10 kg*

GUT GEEIGNET FÜR: *Familien mit Kindern oder für Therapiezwecke*

ANFÄLLIG FÜR: *Einige Hunde leiden unter Hautkrankheiten.*

Labrador Retriever

Er ist der Inbegriff des freundlichen Familienhundes. Ein Typ zum Knuddeln und zum Pferdestehlen. Der Labby, wie er auch liebevoll genannt wird, ist einer der gutmütigsten und menschenbezogensten unter den Rassehunden. Und weil er mordsmäßig verfressen ist, lässt er sich auch leicht ausbilden, zum Beispiel als Blindenführhund, Rettungshund oder Drogenschnüffler. Ob Sitz, Platz oder Such: Für ein Leckerchen macht dieser Hund alles mit. Nur als Aufpasser ist er nicht zu gebrauchen, denn den Familienschmuck und andere Wertsachen tauscht er ohne Weiteres gegen ein Stück Wurst. Außerdem lieben fast alle Retriever Wasser und nutzen jede Gelegenheit, in einen Bach, Tümpel oder Teich zu springen.

Abgesehen davon spricht vieles für den Labby als Familienhund. Er ist ausgeglichen, verspielt und für alle Aktivitäten zu begeistern, dazu kooperationsbereit, intelligent und äußerst belastbar. Lärm und tobende Kinder bringen ihn nicht aus dem Gleichgewicht. Dominanzverhalten liegt ihm in der Regel nicht, im Gegenteil, er ist geradezu versessen darauf, seinem Besitzer zu gefallen. Ein weiterer Pluspunkt: Labradore sind keine Kläffer. Auch wenn sie draußen gerne toben, sind sie in den eigenen vier Wänden angenehm ruhig. Leider wird oft übersehen, dass dieser Hund seiner Familie zwar viel geben kann, aber auch eigene Bedürfnisse hat. Am liebsten möchte er arbeiten, also suchen und apportieren, denn dafür wurde er über viele Generationen gezüchtet. Davon abgesehen gehört der Labrador zu den Rassen, innerhalb derer sich in den letzten Jahrzehnten eine Arbeits- und eine Showlinie gebildet hat. Die Tiere der Showlinie sind stämmiger und genügsamer als die hoch aktive Arbeitslinie und eignen sich daher besser als Familienhund. Die Beliebtheit der Rasse hat wie so oft auch ihre Nachteile: In den letzten Jahren schossen unseriöse Züchter wie Pilze aus dem Boden. Wenn Sie einen gesunden, charakterfesten Hund möchten, sollten Sie sich daher an die im DRC und LCD organisierten Züchter halten. 🐾

Labrador Retriever

INFOS ZUR RASSE

GESCHICHTE: *Der Labrador Retriever stammt ursprünglich von der kanadischen Ostküste, genauer gesagt aus Neufundland. Dort wurde er als Helfer bei der Jagd und beim Fischen eingesetzt. Zu seinen Aufgaben gehörte es, abgetriebene Fische oder Fischernetze aus dem Meer zu holen. Als »St. John's Dog« fand er um 1809 mit dem zweiten Earl von Malmesbury seinen Weg nach England. 1903 wurde der Labrador Retriever vom Kennel Club, dem englischen Züchterverband, als Rasse anerkannt.*

TYP: *Jagd- und Begleithund*

FELL: *Kurzes, hartes Haar mit wasserabweisender Unterwolle, das keiner großen Pflege bedarf (ab und zu bürsten genügt); Farben: Schwarz, Gelb und Schokobraun*

GRÖSSE UND GEWICHT: *Schulterhöhe von 54 bis 57 cm, Gewicht: 25 bis 35 kg*

GUT GEEIGNET FÜR: *Anfänger in der Hundehaltung, die aber sehr sportlich sein sollten*

ANFÄLLIG FÜR: *Hüftgelenks- und Ellbogendysplasie, Übergewicht*

Golden Retriever

Das Sprichwort: »Ein Golden vertreibt keinen Einbrecher, stattdessen freut er sich über Besuch und hilft, die Wertsachen aus dem Haus zu tragen«, beschreibt diese Rasse recht gut. Schließlich wünscht sich der Goldie nichts mehr, als zu gefallen und seinen Menschen zuzuarbeiten – eine Eigenschaft, die ihn zu einem der beliebtesten Familienhunde macht. Bei aller Begeisterung für die Rasse wird dabei leider oft vergessen, dass auch ein Golden anstrengend sein kann: Er jagt, buddelt leidenschaftlich nach Mäusen und kommt an keiner Pfütze vorbei, ohne sich hineinzulegen. Abgesehen von diesen kleinen »Untugenden« ist der Golden Retriever jedoch ausgesprochen freundlich, friedfertig und zutraulich. Er bleibt auch in kritischen Situationen gelassen und leichtführig, ist sensibler und im Umgang feiner als sein Verwandter der Labrador Retriever, der manchmal recht sturköpfig und grob sein kann (→ Seite 120).

Wie bei allen Retrievern ist das Spezialtalent des Golden das Apportieren (»to retrieve« heißt »etwas zurückbringen« oder »herbeiholen«). Daher sollte er auch als Familienhund arbeiten dürfen und gefordert werden, beispielsweise mit Dummytraining oder Fährtenarbeit.

Der Golden hat einen ausgeprägten Willen zum Gehorsam, für Machtkämpfe ist er viel zu harmoniebedürftig. Stellt man sich einigermaßen geschickt an, ist die Grunderziehung daher ein Kinderspiel. Allerdings führte die Beliebtheit dieser Rasse zu einer regelrechten Massenvermehrung, wodurch mittlerweile auch ängstliche, aggressive und von allerlei Krankheiten geplagte Hunde entstanden sind. Wer sich Kummer mit seinem zukünftigen Goldie ersparen möchte, kauft ihn daher nicht im »Sonderangebot«, sondern bei einem in den Retriever-Clubs GRC und DRC organisierten Züchter, die den strengen Auflagen des VDH unterliegen.

Wie beim Labrador Retriever teilt sich die Rasse inzwischen zudem in eine leichtere, agilere Arbeits- und eine ruhigere, stämmigere Showlinie. Als Familienhund ist ein Vertreter der Showlinie auf jeden Fall die bessere Wahl. 🐾

Golden Retriever

INFOS ZUR RASSE

GESCHICHTE: *Der Golden Retriever ist die erste Schönheitszucht eines Arbeitshundes: Der schottische Lord Tweedmouth, kaufte im Jahr 1864 einen gelben Retriever für die Jagd. Der Hund arbeitete gut, sein Äußeres aber gefiel dem Lord nicht. 1867 ließ er ihn deshalb eine Wasserspanielhündin decken, kreuzte deren Nachkommen erneut mit einem Wasserspaniel, diese Welpen wieder mit einem Retriever und die nächsten Nachkommen noch einmal mit einem Setter. Der Goldi war »geboren«. 1903 wurde er vom britischen Kennel-Club als Rasse anerkannt.*

TYP: *Vielseitiger Arbeits-, Jagd- und Begleithund*

FELL: *Glatt oder leicht gewellt, langes, fransiges Deckhaar mit wasserdichter Unterwolle; Farben: alle Gold- und Blondtöne erlaubt*

GRÖSSE UND GEWICHT: *Schulterhöhe von 51 bis 61 cm, Gewicht: 25 bis 35 kg*

GUT GEEIGNET FÜR: *Familien, Jäger und für die Ausbildung zum Assistenz- oder Rettungshund*

ANFÄLLIG FÜR: *Hüftgelenks- und Ellbogendysplasie, Krebs, Augenkrankheiten*

Die beliebtesten großen Hunderassen

Die Riesen unter den Hunden können eine Schulterhöhe von knapp einem Meter erreichen. Viele werden bis heute auch als Gebrauchshunde eingesetzt.

Deutscher Schäferhund

Der Deutsche Schäferhund ist ein Hund der Superlative und gilt als beliebtester Gebrauchshund der Welt. Kein Wunder, denn er ist ein wahres Multitalent, das die verschiedensten »Berufe« ausübt: Lange Zeit war er ein zuverlässiger Beschützer von Schafherden, heute wird er vor allem im Polizei- und Rettungsdienst eingesetzt. Weil im Laufe seiner Entwicklung als Diensthund auf die Hüteeigenschaften nicht mehr so viel Wert gelegt wurde, sieht man ihn mittlerweile nur noch selten an der Herde arbeiten.

Für den Einsatz als Polizei- und Rettungshund muss ein Schäferhund erst einmal die Schutzdienstprüfung bestehen: Die Hunde sollen nämlich vermeintliche Diebe und Angreifer verfolgen, stellen und packen können. Für einen »normalen« Hundehalter sind dagegen ganz andere Eigenschaften wichtig: Ihr Schäferhund soll sich gut in den Alltag einfügen, niemanden stören, belästigen und hetzen, lieb zu Kindern sein, seiner Familie folgen und am Haus bleiben. Das bedeutet meist viel Arbeit, denn dieser Hund ist ein überaus intelligenter Workaholic. Vor allem in den ersten Jahren braucht er deshalb eine sehr ruhige, konsequente Erziehung und klare Strukturen. Nur ausgelastet durch tägliche körperliche und geistige Beschäftigung und gut geführt ist der Deutsche Schäferhund auch als Familienhund perfekt.

Eine robuste Alternative für Liebhaber der Rasse ist die altdeutsche Variante des Schäferhundes, der Langstockhaar. Im Gegensatz zu seinem kurzhaarigen Bruder ist er in seinem Temperament etwas gebremster. Er beobachtet zunächst die Situation und wägt dann ab, wie er sich verhalten soll. Im Allgemeinen ist der Deutsche Schäferhund jedoch, egal mit welcher Haarlänge, äußerst lerneifrig, leichtführig und unterordnungsbereit. Er ist außerdem sehr nervenfest und ausgeglichen, kann aber im Ernstfall auch mit der nötigen Härte agieren, wenn sein Schutztrieb ausgelöst wird. Deshalb ist er eher etwas für erfahrene Hundehalter. 🐾

INFOS ZUR RASSE

GESCHICHTE: *Die heutige Rasse entstand Ende des 19. Jahrhunderts vor allem aus mittel- und süddeutschen Schafhütehunden. Der Deutsche Schäfer wurde bis vor Kurzem allein aus der kurzhaarigen Variante gezüchtet. Von Beginn an stand dabei der Diensthund für Polizei und Militär im Zentrum der Zuchtauswahl.*

TYP: *Begleit-, Wach-, Schutz-, Dienst- und Hütehund*

FELL: *Dicht, kurz, stockhaarig oder lang; Farben: Schwarz (einfarbig oder mit rotbraunen, braunen, gelben bis hellgrauen Abzeichen), Grau, Beige-Grau mit dunklerer Wolkung*

GRÖSSE UND GEWICHT: *Schulterhöhe von 55 bis 65 cm, Gewicht: 22 bis 40 kg*

GUT GEEIGNET FÜR: *Erfahrene Hundehalter, die Lust auf Hundesport haben*

ANFÄLLIG FÜR: *Hüftgelenksdysplasie, Fehlbildungen des Innenohrs, Hornhautentzündungen und Cauda-equina-Syndrom (Kompression der Nervenwurzeln am Ende des Rückenmarks)*

HALTER-INTERVIEW

Wie lebt es sich mit einem Schäferhund

CLAUDIA VERSTL-HARRER

Die 50-jährige selbstständige Atemtherapeutin lebt mit ihrem Mann und ihrer 21-jährigen Tochter Annika in Bad Tölz. Sohn Jannick, 25, macht eine Ausbildung zum Schifffahrtskaufmann in der Nähe von Bremen. Zur Familie gehört auch der dreijährige Langhaarschäferhund Varus.

WAS IST DAS BESONDERE AN EINEM SCHÄFERHUND?
Wir hatten bisher schon viele Hunde: Boxer, Kuvasz, Hovawart, Berner Senn und Rauhaardackel. Varus ist eindeutig der Aufmerksamste von allen. Aber diese ständige Präsenz ist im Alltag auch anstrengend für mich. Der Schäferhund ist letztendlich eben ein Arbeitshund, der Aufgaben braucht, und zwar viel Kopfarbeit, die ihn auslastet. Das empfinde ich als einen erheblichen Unterschied, auch wenn ich mich mit anderen Hundehaltern vergleiche.

WAR IHNEN BEWUSST, WAS AUF SIE ZUKOMMT, ALS SIE SICH FÜR DEN SCHÄFERHUND ENTSCHIEDEN HABEN?
In diesem Ausmaß nicht. Für mich war der Schäferhund immer der »folgsame« Hund, aber was hinter diesem »gut folgsam« steckt, dass der allzeit arbeitsbereit ist und man ihm ständig signalisieren muss: »Du brauchst jetzt nichts tun, ich kümmere mich«, das war für mich ein großes Aha-Erlebnis.

WAS BEDEUTET VARUS FÜR SIE?
In erster Linie ist Varus meine Begleitung durch den ganzen Tag. Er ist dabei so wach und beflissen, dass er selbst einen Wimpernschlag deutet. Dieses »Auf-den-leisesten-Wink-Reagieren« muss man natürlich dauernd berücksichtigen. Man kommuniziert ja ständig. Außerdem bringt Varus mich in Bewegung, denn bei einem Schäferhund gibt es kein »Heute nicht!«.

VON WELCHEN PROBLEMEN KÖNNEN SIE BERICHTEN?
Das Bewachen liegt diesem Hund einfach im Blut. Wenn er alleine in der Praxis wäre, würde er keinen reinlassen. Auch zu Hause grenzt er klar ab zwischen Familienmitgliedern und Fremden. Das ist wirklich ein Thema. Sobald ein Besucher erschreckt oder Angst zeigt, dreht Varus auf und will ihn dominieren. Solange das Gegenüber selbstbewusst ist, gibt es kein Problem. Aber bei der kleinsten Unsicherheit fährt Varus hoch und geht den Menschen an. Da muss man wirklich aufpassen. Und so etwas passiert nicht nur mit Menschen. Auch mit anderen Hunden

ist Varus nicht immer verträglich. Vor allem kleinere sieht er hin und wieder als Beute an, die er gerne hetzen würde.

WAS HABEN SIE PERSÖNLICH LERNEN MÜSSEN, UM MIT DIESEM HUND KLARZUKOMMEN?

Dass ich Führung übernehmen und Entscheidungen treffen muss – und zwar ständig. Ich würde gerne auch mal einfach so mit meinem Hund spazieren gehen, aber das ist mit Varus nicht möglich. Der ist immer auf Betriebstemperatur, sucht ständig eine Aufgabe. Ich muss immer vorausschauend gehen und Entscheidungen treffen, bevor er sie trifft. Das bringt mich, die ich eher ein phlegmatischer Typ bin, ganz schön auf Trab – kopfmäßig und körperlich.

PROFITIEREN SIE AUCH IN ANDEREN LEBENSBEREICHEN?

Ja, absolut. Dieser Hund ist wie ein Coach. Ich muss mich als Selbstständige im Gesundheitswesen in einer harten Berufswelt behaupten, muss mit Krankenkassen verhandeln, meinen Standpunkt vertreten, mich abgrenzen und mich durchsetzen. Das mache ich jetzt viel selbstbewusster als früher, weil ich das täglich übe.

WIE REAGIEREN DENN FREMDE LEUTE AUF VARUS?

Mit einem Wort: mächtig. Varus ist sehr aufmerksam, und er löst auch große Aufmerksamkeit aus. Und großen Respekt. Viele Leute bleiben stehen, ein bisschen auch vor Furcht. Das mag einerseits der Ruf der Rasse sein, aber dieser Hund hat einfach auch ein beeindruckendes Bewegungsverhalten.

VARUS BEGLEITET SIE AUCH BEI HAUSBESUCHEN. WARUM?

Viele meiner Patienten genießen es, wenn ich sage: »Ich habe heute den Hund dabei, und wenn wir fertig sind, bringe ich ihn rein.« Wenn sie Varus dann sehen, halten sie inne, holen tief Luft und sagen: »Puh, ist der groß!« oder »Ist der schön!« oder auch »Ist der mächtig!«. Der Therapieansatz, den man aus vielen Altenheimen kennt, wo man den Leuten einen kleinen Hund auf den Schoß oder aufs Bett setzt: Das funktioniert natürlich mit Varus nicht. Aber meine Patienten, vor allem die Hausbesuche, sind großteils körperlich und psychisch ganz unten, haben zum Teil ganz wenig Selbstbewusstsein, sind völlig energielos. Da sind schwer kranke Leute dabei, die an Beatmungsgeräten hängen. Das heißt, bei mir geht es erst mal ums Aufrichten und tief Luftholen. Allein diesen Hund anzuschauen überträgt eine Energie, die ich selbst nicht für möglich gehalten hätte.

GEHT ES DEN PATIENTEN DANN BESSER, WENN SIE VARUS STREICHELN?

Viele meiner Patienten möchten Varus nicht einmal anfassen, nur anschauen. Manchmal bitten sie mich auch, einen Gegenstand im Zimmer zu verstecken, und den Hund danach suchen zu lassen. Dann lachen sie, entspannen und atmen tief. Die Stimmung ändert sich, wenn Varus im Raum ist. Er bringt seine Lebendigkeit in die Krankenzimmer und gibt unheimlich viel Vitalität ab. Varus ist einfach eine imposante Erscheinung. Aber wenn so ein kraftvoller Hund dann auch noch außerordentlich gut folgt, das ist für viele Patienten das Höchste.

Dalmatiner

Der Dalmatiner ist chic, mondän und extrem fotogen. Sein getupftes Fell erinnert an ein Hermelin, und so denkt man beim Anblick dieses Geschöpfes unwillkürlich an Könige, Prunk und Luxus. Doch Achtung, Dalmatiner sind kein Accessoire für den Laufsteg. Dieser Hund ist eine Sportskanone auf vier Beinen, die auf tägliche Trainingseinheiten besteht. Er steckt voller Energie und hat ein schier unstillbares Bewegungsbedürfnis. Dieser »Go«, dieser Vorwärtsdrang macht Leinenführigkeit zu einer echten Geduldsprobe, vor allem für das Tier. Der Dalmatiner ist zwar kein Spezialist, kein reiner Fährten-, Stöber- oder Wachhund, aber er hat viel mehr Jagdpassion und ist territorialer, als so manchem lieb ist, der einen reinen Gesellschafts- und Begleithund sucht. Das heißt, seine Erziehung kann recht anstrengend werden. Nur wenn man seinem hohen Bewegungsbedürfnis gerecht wird und ihn intelligent beschäftigt, wird dieser Hund zu Hause ruhig und ausgeglichen sein. Tägliche ausgiebige Runden zu Fuß, auf dem Rad oder hoch zu Ross sind daher unerlässlich.

Die Herkunft der Rasse liegt im Dunkeln. Die einen meinen, dass ihr Name auf Dalmatien, eine Region im heutigen Kroatien, verweist. Andere behaupten, dass britische Kolonialbeamte den gefleckten Hund unter der Bezeichnung »Bengalische Bracke« aus Indien mit auf die Insel brachten. Dort machte er im 19. Jahrhundert Karriere als Coach Dog, als Kutschbegleiter, der Vieh und Volk von der Straße scheuchte und Pferd und Wagen im Stall bewachte. Diese damaligen Aufgaben prägen auch heute noch seinen Charakter. Der Dalmatiner ist wendig, ausdauernd und immer noch bis zu einem gewissen Maß eigenständig und verteidigungsbereit. Doch so kräftig und energiegeladen er körperlich auch sein mag, seine Seele gleicht der eines scheuen Rehs. Er ist sehr verschmust und liebebedürftig und braucht die körperliche, vor allem aber die seelische Nähe zu seinem Besitzer. Die liebevolle Behandlung darf aber nicht so weit gehen, dass er sich als Chef in der Familie fühlt – ein Drahtseilakt, den Einsteiger oft nicht hinbekommen. 🐾

INFOS ZUR RASSE

GESCHICHTE: Bereits auf ägyptischen Grabbildern und mittelalterlichen Illustrationen sind die gefleckten Hunde zu sehen. Der heutige Standard entwickelte sich in England, wo er 1890 erstmals auch veröffentlicht wurde.

TYP: Begleithund

FELL: Kurz und glatt ohne Unterwolle; Farbe: Weiß mit schwarzen oder braunen, symmetrisch auf dem Körper verteilten, 2–3 cm großen Tupfen (Flecken und Platten sind unerwünscht)

GRÖSSE UND GEWICHT: Schulterhöhe: von 54 bis 61cm, Gewicht: 27 bis 32 kg

GUT GEEIGNET FÜR: Alle, die sich gern bewegen, am besten viel joggen, wandern, Fahrrad fahren oder reiten, und das mindestens zwei, besser drei Stunden täglich

ANFÄLLIG FÜR: Neigung zu Epilepsie, zu Allergien und zur Harnsteinkrankheit; Gefahr tauber Welpen nimmt proportional zum Weißanteil im Fell der Elterntiere zu, auch blaue Augen scheinen ein Hinweis auf diesen Fehler zu sein.

Dobermann

Der Dobermann ist der klassische Wachhund und zudem eine bildschöne, elegante Erscheinung. Er ist kraftvoll, unerschrocken und sehr durchsetzungsfähig. Für seine Fans ist er der Ferrari unter den Hunden, und in einem haben sie sicherlich recht: Man muss mit diesem Hund umzugehen wissen.

INFOS ZUR RASSE

GESCHICHTE: *Von Apolda ausgehend, verbeitete sich der Dobermann bald auf der ganzen Welt. Zur Erinnerung an das Wirken seines »Ahnherrn« Karl Friedrich Louis Dobermann wurde am 11. September 1999 feierlich das Dobermann-Denkmal in Apolda enthüllt.*

TYP: *Wach- und Schutzhund*

FELL: *Kurz, hart und dicht, ohne Unterwolle; Farben: Schwarz und Dunkelbraun mit lohfarbenen Abzeichen*

GRÖSSE UND GEWICHT: *Schulterhöhe von 63 bis 72 cm, Gewicht: 32 bis 45 kg*

GUT GEEIGNET FÜR: *Selbstbewusste, ausgeglichene, ruhige Menschen mit Hundeerfahrung*

ANFÄLLIG FÜR: *Erbkrankheiten, die das Innenohr und den Gleichgewichtssinn betreffen, Dobermann-Kardiomyopathie (Herzmuskelerkrankung), seltener Dancing Dobermann Disease (muskuläre Veränderungen und zunehmende Schwäche in der Hinterhand); Prädisposition für das Wobbler-Syndrom (Schädigungen des Rückenmarks im Bereich der Halswirbelsäule)*

Welche und wie viele Hunderassen sein »Erfinder«, Friedrich Louis Dobermann, aus dem thüringischen Apolda einst gekreuzt hat, um dieses Ergebnis zu erreichen, lässt sich im Nachhinein nicht mehr klären. Vermutlich waren es Pinscher, Weimaraner, Pointer, Terrier und Rottweiler, aber auch Mischlingshunde, die den Grundstein für die Zucht des später nach ihm benannten Dobermanns legten. Als Steuereintreiber, Abdecker, und Nachtpolizist benötigte Friedrich Dobermann einen scharfen Hund zum Personenschutz. Er sollte wachsam, treu, tapfer und misstrauisch gegenüber Fremden sein. Dies ist ihm mit der Zucht des Dobermanns durchaus gelungen. Schon früh erkannten damalige Ordnungshüter die Vorteile dieses Hundes, der sich weder von Lärm noch von Gewalt beeindrucken ließ und stets wehrhaft blieb, was ihm auch den Beinamen »Gendarmenhund« einbrachte.

Das territoriale Denken ist beim Dobermann auch heute noch sehr ausgeprägt. Aufgrund seiner Natur braucht er eine lineare und durchgehende Führung, einen Menschen, der Entscheidungen für ihn trifft. An diese Bezugsperson schließt er sich meist sehr eng an, jedoch weniger an die ganze Familie. Zudem ist er ausgesprochen sensibel, hat eine niedrige Reizschwelle und neigt je nach Zuchtlinie zur Nervosität. Da er zusätzlich ein enormes Bewegungsbedürfnis hat, eignet er sich nicht wirklich als Stadthund. Auf dem Hundeplatz ist er dafür in seinem Element, und auch Agility, Turnierhundesport oder Fährtenarbeit machen ihm Spaß.

Magyar Vizsla

Sein apartes Aussehen hat ihn zwar weit über die Grenzen seiner ungarischen Heimat hinaus beliebt und bekannt gemacht, der Charakter des Magyar Vizsla ist aber nicht einfach. Einerseits ist diese Rasse sehr lebhaft, arbeitsfreudig, hat eine feine Nase und viel Jagdpassion. Ihr Temperament kann jedoch nur mit feiner Hand gezügelt werden, denn der Vizsla ist sehr sensibel. Kurz gesagt: Dieser Hund hat enorm viel PS, aber man darf auch bei hoher Geschwindigkeit nicht zu hart auf die Bremse treten. Ist man grob zu ihm, verschließt er sich nämlich sehr schnell. Auch als Jagdhund ist der Magyar Vizsla ausgesprochen weich und führerbezogen. Als Anfang der 1960er Jahre deutsche Jäger Vizslas aus Ungarn mit brachten, wurden sie daher erst einmal ausgelacht: Die Hunde seien »wesensschwach« und »verweichlicht«, spottete man gern. Glücklicherweise haben sich die Ansichten geändert, und eine gewaltfreie Erziehung gehört mittlerweile zum Grundverständnis. Auf so einem Boden kann der Vizsla gut gedeihen. Denn der athletische Ungar ist einer der wenigen Vollblutjäger, die auch als Familienhunde glücklich werden können. Seine weidmännischen Ambitionen legt er natürlich nicht vor der Tür eines Nichtjägers ab. Der Vizsla ist und bleibt zeit seines Lebens Jagdhund – mit Leib und Seele. Seine leistungsstarke Nase ist immer auf der Suche. Doch er ist auch mit einer anspruchsvollen Ersatzbeschäftigung zufrieden, denn er ist glücklich, wenn er bei seinem Menschen sein darf, je näher, desto besser – am liebsten direkt auf dem Schoß. Am meisten Freude bereitet ihm das gemeinsame Arbeiten wie Suchen und Apportieren von Dummys aller Art, Nasenarbeit, Gehirnjogging und Muskeltraining. Es ist nicht schwer, einen Vizsla zu begeistern, vorausgesetzt, man findet den richtigen Umgangsstil. 🐾

INFOS ZUR RASSE

GESCHICHTE: *Nach ihrer Neuzucht 1916 wurde die Rasse im Jahr 1935 von der FCI anerkannt. 1943 gab es in Ungarn rund 5000 im Zuchtbuch eingetragene Vizsla. Als russische Truppen im Januar 1945 Budapest besetzten, erschossen jedoch viele Ungarn ihre Hunde, damit sie den Besatzern nicht in die Hände fielen.*

TYP: *Jagdhund, Begleithund*

FELL: *Kurzhaarig ohne Unterwolle; Farben: alle Schattierungen von Sandgelb*

GRÖSSE UND GEWICHT: *Schulterhöhe von 52 bis 64 cm, Gewicht: 24 bis 33 kg*

GUT GEEIGNET FÜR: *Familien und Singles, die seinen enormen Bewegungsdrang stillen können (auch mit Hundesport)*

ANFÄLLIG FÜR: *Keine rassebedingten Erkrankungen bekannt*

Hovawart

»Unser Rex schlägt gut an und ist richtig scharf«, beschrieb man noch vor ein bis zwei Generationen einen guten Hofhund anerkennend. Wie sich die Zeiten ändern! Heute ist so ein Satz ein Unding, und daher wird auch beim Hovawart heutzutage weniger Gewicht auf Schärfe als auf Gesundheit und Sozialverträglichkeit gelegt. Sein Name bedeutet »Hof-Wart«, also Hofwächter, und beschreibt damit seine ihm ursprünglich zugedachte Aufgabe sehr gut. Zuchtpionier dieser Rasse, die ihren Ursprung eigentlich in den altdeutschen Hof- und Burgwächterhunden des 16. Jahrhunderts hat, war der selbst ernannte, etwas schrullige Zoologe Kurt Friedrich König (1896–1975). Seine Vision: Ein Gefährte, der nicht durch Abrichtung, sondern durch Trieb und Neigung ein schützender Begleiter des Menschen ist. Und so wurde und wird der Hovawart als ein Hund beschrieben, der Situationen selbstständig einschätzt, klug, selbstbewusst, ausgeglichen und ursprünglich ist. Seine heutigen Besitzer sind stolz darauf, solch ein Original zu besitzen. Einen Hund wie keinen anderen, einen mit Charakter und Ernst, einen, der seinen Menschen zwar verteidigt, aber durchaus eine eigene Meinung vertritt. Tatsächlich ist der Hovawart bekannt für seinen starken Willen, und er stellt die Konsequenz seiner Besitzer immer wieder auf die Probe. »Gilt das, was gestern war, ganz sicher auch heute noch?«, möchte er immer wieder wissen. Dass der Hovawart nicht wildert und familienfreundlicher ist als andere Rassen, gehört allerdings ebenso in den Bereich der Legende wie die Geschichte, dass er besonders schwer das Hörzeichen »Voraus« erlernt, weil er so an seinem Besitzer hängt. Optisch sind blonde Hovawarte nur schwer von Retrievern zu unterscheiden. Typische Merkmale sind der schmalere Kopf und die hohe, geschwungene Rute. Der Hovawart ist zudem ein echter Naturbursche, der nicht in der Stadt gehalten werden oder wenigstens einen eigenen Garten haben sollte, wenn es schon kein eigener Hof sein kann. 🐾

INFOS ZUR RASSE

GESCHICHTE: *Kurt Friedrich König verpaarte ab 1922 wolfsstämmige Hofhunde aus dem Schwarzwald und dem Harz mit Leonberger, Neufundländer, Kuvasz und dem Deutschen Schäferhund. Heraus kam ein Typ, der nicht durch sein auffälliges Äußeres besticht, sondern vor allem durch sein Wesen, seinen Charakter und seine Leistungsbereitschaft.*

TYP: *Gebrauchs- und Familienhund*

FELL: *Weich, gewellt, lang, mit wenig Unterwolle; Farben: Schwarzmarken, Blond und Schwarz*

GRÖSSE UND GEWICHT: *Schulterhöhe von 58 bis 70 cm, Gewicht: ca. 25 bis 40 kg*

GUT GEEIGNET FÜR: *Individualisten mit Hundeerfahrung, die konsequent und geduldig sind und dem Hund Bewegung und geistige Beschäftigung bieten können*

ANFÄLLIG FÜR: *In seltenen Fällen Hüftgelenksdysplasie*

HALTER-INTERVIEW

Wie lebt es sich mit einem **Hovawart?**

HEIKE DÖHLER

Die vierfache Mutter ist verheiratet und betreibt zusammen mit ihrem Mann einen Fleischereibetrieb mit vier Filialen im Vogtland. Ihre Töchter sind 24, 22, 21 und 9 Jahre alt. Zur Familie gehören zwei Hovawarte, die dreijährige Hündin Lottie und Bruno, zweieinhalb Jahre.

WELCHE ERWARTUNGEN HATTEN SIE, ALS SIE SICH IHREN ERSTEN HOVAWART ANGESCHAFFT HABEN?
Wir hatten davor einen Spitzmischling. Den haben wir nie richtig ernst genommen, weil er klein und relativ unproblematisch war. Wir haben uns für diesen Hund kaum Zeit genommen, er war eben einfach dabei. Der nächste Hund sollte einer sein, mit dem man etwas machen muss. Die Betonung liegt hier auf »muss«. Wenn ich mir erneut so einen kleinen Hund geholt hätte, hätte ich ihn womöglich wieder links liegen lassen.

SIE WOLLTEN SICH DURCH DIE ENTSCHEIDUNG ALSO ZWINGEN, SICH MEHR MIT DEM HUND ZU BESCHÄFTIGEN?
Ja, genauso kann man das sagen. Mir war klar, dass ich einen Hovawart gut erziehen muss, weil er sonst unter Umständen »entartet«, zu territorial wird und vielleicht sogar beißt. Ich hatte 25 Jahre keine Zeit für ein eigenes Hobby. Ich habe immer nur gearbeitet, mit meinem Mann die Firma weiter aufgebaut und die Familie versorgt. Ich wollte mich tatsächlich »zwingen«, weniger zu arbeiten und mir Zeit für mich und mein Hobby zu nehmen. Die Hunde müssen ja bewegt und beschäftigt werden, das ist Zeit, die ich nicht für die Arbeit oder den Haushalt übrig habe, auch nicht für meinen Mann oder für mein jüngstes Kind. Wenn ich mit den Hunden draußen bin, kann ich 100 Prozent abschalten und mich ganz auf sie einstellen. Das genieße ich total.

BETEILIGT SICH IHRE FAMILIE AN DER HUNDEERZIEHUNG, ODER GEHEN SIE GEMEINSAM SPAZIEREN?
Selten. Mein Mann arbeitet den ganzen Tag, und zum Spazierengehen hat meine neunjährige Tochter meistens keine Lust. Wenn die Hunde nicht so riesig wären, könnte ich mein Kind vielleicht mehr mit einbinden. Aber so muss ich ihr oft sagen: »Lass mal, das kannst du noch nicht«, selbst wenn sie Interesse zeigt. Sie kann keinen der Hunde an der Leine führen. Wenn der mal plötzlich durchstartet, könnte sie sich schwer verletzen. Auch wenn sie mit den Hunden spielt, muss ich das immer gut beobachten. Ein triebstarker Hovawart ist einfach nicht der richtige Spielkamerad für ein

kleines Mädchen. Meine Hündin Lottie hat mich in den ersten sieben oder acht Monaten mit ihren Milchzähnen ständig gezwickt. Meine Hände und Arme sahen echt schlimm aus, bis endlich klar war, was erlaubt ist und was nicht. Ich hatte anfangs natürlich auch wenig Erfahrung mit der Rasse.

LASSEN SICH DIE HUNDE VON IHRER TOCHTER REGLEMENTIEREN?

Ja, sie schimpft schon mal mit ihnen, und dann hören die Hunde auch auf sie. Aber ich stehe ja auch daneben. Alleine lasse ich das nicht zu, denn die Hunde zu erziehen ist nicht ihr Bereich. Dafür ist sie nicht zuständig. Und ich möchte einfach nicht ausprobieren, ob die Tiere das akzeptieren würden oder nicht. Diese Probe mache ich gar nicht erst.

IST DAS FÜR IHRE TOCHTER DENN NICHT SCHWIERIG?

Doch, sie ist schon manchmal traurig, dass sie so wenig mit den Hunden machen darf. Diese Konsequenz habe ich beim Kauf der Hunde aber leider nicht bedacht. Vielleicht hätte ich mich unter diesem Gesichtspunkt eher für eine kleinere Rasse entschieden.

WAS HAT SIE BEWOGEN, GLEICH ZWEI HOVAWARTS ANZUSCHAFFEN?

Im Nachhinein betrachtet war es pure Ahnungslosigkeit. Lottie ist ein sehr aufgedrehter Hund, ein richtiges Energiebündel. Ich hatte immer das Gefühl, dass ich ihr nicht genug bieten kann. Ich schaffe es nicht, sie so auszulasten, dass sie müde ist. Für Lottie ist es zwar toll, dass sie jetzt einen Spielgefährten hat. Aber was das an zusätzlicher Arbeit

und Problemen bedeutet, habe ich nicht einmal ansatzweise geahnt. Hätte ich das vorher gewusst, hätte ich vielleicht gewartet, denn Lottie war ja erst sieben Monate alt, als wir Bruno gekauft haben. Es wäre leichter gewesen, erst den einen Hund ordentlich zu erziehen, und dann den zweiten zu kaufen. Zwei so junge Hunde kosten mindestens die doppelte Zeit, auch wenn sie sich oft miteinander beschäftigen. Manchmal muss ich die beiden auch trennen, weil sie sich so aufschaukeln, dass es grenzwertig wird. Die spielen dann nicht mehr, sondern wollen sich bloß gegenseitig beweisen, wer der Stärkere ist. Das dulde ich nicht, weil ich sie dann nicht mehr unter Kontrolle habe.

WIE VIEL ZEIT VERBRINGEN SIE TÄGLICH MIT DEN HUNDEN?

Mindestens drei Stunden, eher mehr. Es ist sehr schön, und ich bereue es nicht, aber es ist auch anstrengend. Diesen Winter sind wir das erste Mal ohne die Hunde in Urlaub gefahren, und meine großen Kinder haben sich um die beiden gekümmert. Hinterher haben sie mich gefragt: »Wie schaffst du das nur? Das ist ja eine richtige Aufgabe!« Du musst die Hunde einfach lieben, sonst gibst du irgendwann auf. Und man muss wissen, wie ein Hund tickt und wie man seinen Respekt einfordert.

WÜRDEN SIE ANDEREN FAMILIEN ZU DIESER RASSE RATEN?

Ja, wenn die Umstände passen. Man braucht viel Zeit. Ich mache mit Lottie und Bruno Mantrailing, um sie zu beschäftigen. Und natürlich darf der Respekt nicht fehlen. Sonst tanzen dir die Hunde auf der Nase herum.

GROSSE HUNDERASSEN

Chow Chow

Der Chow Chow ist der größte Individualist unter den Hunden und für Menschen, die viel Wert auf Gehorsam legen, völlig ungeeignet. Er besitzt ein ausgeprägtes Selbstbewusstsein, ist eigensinnig und freiheitsliebend. Mit einem Chow Chow arrangiert man sich, anstatt ihn auszubilden. Er ist erziehbar, aber nicht dressierbar. Das heißt, er kann zwar lernen, sich an bestimmte Regeln zu halten, ist aber kein Hund, der Hörzeichen gerne prompt und exakt ausführt. Er ist sehr stur, trainiert nur, wenn er Lust hat, und lässt sich zu nichts zwingen.

Als sogenannter Ein-Mann-Hund bindet er sich meistens nur an eine Person – und zwar sein Leben lang. Dadurch ergeben sich hin und wieder Schwierigkeiten mit Besuchern und anderen Familienmitgliedern. Kinder werden bestenfalls geduldet. Wenn ihm etwas nicht passt, schnappt er schon einmal schnell und fest zu und ist auch anderen Hunden gegenüber ein ernst zu nehmender Gegner. Sein Bewegungsdrang hält sich in Grenzen. Er geht zwar gern spazieren – allerdings wenn möglich nur mit seinem Herrchen und nicht in einer größeren Hundegruppe. Außerdem besitzt dieser urwüchsige Hund einen starken Jagdtrieb. 🐾

INFOS ZUR RASSE

GESCHICHTE: *Bereits im 11. Jahrhundert v. Chr. beschreiben Chroniken einen prachtvollen Tatarenhund mit blauer Zunge. Vermutlich brachten ihn die Mongolen mit nach China. Chow Chow bedeutet »lecker, lecker« und erinnert daran, dass er nicht nur als Schlitten- und Jagdhund, sondern auch als lebendige Fleischreserve gehalten wurde. 1887 begann man in England mit der Zucht. 1894 wurde der Chow Chow vom englischen Kennel Club als eigenständige Rasse anerkannt.*

TYP: *Wach- und Begleithund*

FELL: *Üppig, dicht, mit weicher Unterwolle, muss regelmäßig gebürstet werden, eher selten Kurzhaar mit dichtem, glattem, plüschartigem, abstehendem Fell; Farben: einfarbig Schwarz, Rot, Blau, Rehfarben oder Creme*

GRÖSSE UND GEWICHT: *Schulterhöhe von 46 bis 56 cm, Gewicht: 20 bis 35 kg*

GUT GEEIGNET FÜR: *Individualisten mit Garten; hält sich am liebsten draußen auf, als Wohnungshund daher ungeeignet*

ANFÄLLIG FÜR: *Augenentzündungen, Hüftdysplasie und Hautkrankheiten; hitzeempfindlich*

Briard

In Frankreich, seiner Heimat, wird er mitunter als »Coeur Poilu« beschrieben, als »Herz mit Haaren«. Denn der Berger de Brie, wie der Briard auch genannt wird, baut eine enge Bindung zu seiner Herde auf, ganz gleich, ob es sich dabei um Schafe oder Menschen handelt. Er möchte seine Familie um sich haben, auf sie aufpassen und alles gemeinsam mit ihr tun. Dieser Hund ist sehr temperamentvoll, mutig, gewitzt, eigensinnig und wachsam mit einer guten Portion Schutztrieb. Seine Erziehung erfordert Einfühlungsvermögen, Selbstsicherheit, Konsequenz und gute Kenntnisse im Hundeverhalten – eine Kombination, die den Kreis geeigneter Besitzer klein hält. Der Briard ist charakterlich eine Mischung aus Herdenschutz- und Hütehund. Der reine Herdenschutzhund handelt auf eigene Faust. Der Hütehund dagegen kooperiert ausgesprochen gern. Und so ist der Briard einerseits hoch motiviert zur gemeinsamen Arbeit, hat aber andererseits sehr wohl seinen eigenen Kopf. Er zeigt stets Verteidigungsbereitschaft und hat durchaus so etwas wie einen Kontrolltick. Deshalb braucht er einen Halter, der Entscheidungen trifft, bevor sein Hund dies tut. Briard-Besitzer müssen Autorität ausüben wollen und können, Regeln aufstellen und konsequent auf deren Einhaltung bestehen.

INFOS ZUR RASSE

GESCHICHTE: *Der Ursprung des Briard geht wie bei allen Hirtenhunden weit zurück. Konkret beschrieben wurde der Briard erstmals von Abt Rozier im Jahre 1809. In Frankreich wurde 1897 ein erster Standard erstellt, und Anfang des 20. Jahrhunderts gründeten einige Liebhaber dieser Rasse den »Club des Amis du Briard«.*

TYP: *Hirten- und Begleithund*

FELL: *Lang mit üppiger Unterwolle; Farben: Fauve, Schwarz und Grau*

GRÖSSE UND GEWICHT: *Schulterhöhe von 56 bis 68 cm, Gewicht: 24 bis 35 kg*

GUT GEEIGNET FÜR: *Menschen, die ihm eine Aufgabe geben; der Briard ist geeignet für Agility, Schutzhundesport oder auch als Rettungshund. Sehr viel Betrieb oder viele Kinder sind für ihn kein Problem. Hauptsache, er ist nicht alleine oder unterbeschäftigt.*

ANFÄLLIG FÜR: *Frei von rassetypischen Krankheiten; Verletzungsgefahr beim Sport durch die im Rassestandard vorgeschriebene Wolfskralle, eine verkümmerte fünfte Zehe oberhalb der Pfoten*

Riesenschnauzer

Wer sich für einen Riesenschnauzer entscheidet, bekommt einen vierbeinigen Kumpel mit den Eigenschaften eines Gebrauchshundes, der sich auch zum Schutzdienst eignet. Für Letzteres sind besonders Trieb, Selbstsicherheit und Belastbarkeit nötig. Und in allen drei Bereichen hat der Riesenschnauzer einiges vorzuweisen. Als Polizeihund war er früher die große Konkurrenz des Deutschen Schäferhundes. Seine Lieblingsaufgabe: Bewachen. Ihren größten Boom erlebte die Rasse in den Zwanziger- und Dreißiger-Jahren des 20. Jahrhunderts. Wenn man die damaligen Beschreibungen des Standards liest, ahnt man, warum: Ein Riesenschnauzer habe eine trutzige und wuchtige Erscheinung, sei temperamentvoll, draufgängerisch, ausdauernd, unbestechlich und treu.

Weil all diese Merkmale ohne Weiteres auch auf die heutigen Exemplare zutreffen, ist seine Erziehung nicht so einfach wie bei manch anderen Rassen. Denn der Schnauzer hat einen ausgesprochenen Dickkopf. Er ist sehr schlau und kann seinem Besitzer bei inkonsequenter oder zu nachgiebiger Behandlung schnell über den Kopf wachsen. Diese Rasse ist daher nicht unbedingt der richtige Hund für Anfänger und eignet sich ohne zusätzliche Aufgaben auch nicht als Familienhund. Wird er jedoch sorgfältig sozialisiert, ausgebildet und beschäftigt, macht er auch als solcher eine gute Figur. Beim Schutzhundtraining, bei Fährtenarbeit, Obedience oder Rettungsdienst wächst er über sich hinaus.

Es gibt den Riesen übrigens auch ein bis zwei Nummern kleiner, als Mittel- und als Zwergschnauzer. Dabei gilt: Je kleiner, desto temperamentvoller und bellfreudiger. Ansonsten liegen die Unterschiede zwischen den drei Schnauzerrassen eigentlich nur in der Körpergröße. Alle Schnauzer sind bodenständige, kernige Hunde mit einem eigenen Kopf. ❧

INFOS ZUR RASSE

GESCHICHTE: *Vorläufer des heutigen Schnauzers waren quadratisch gebaute, rau- bis zottelhaarige Bauernhunde in Oberbayern. Sie wurden als Begleiter von Fuhrwerken und später als Polizeihunde eingesetzt. Der originale Rassestandard stammt von 1923.*

TYP: *Gebrauchs-, Sport- und Familienhund*

FELL: *Harsches Rauhaar, das mindestens dreimal im Jahr fachmännisch getrimmt werden muss; der üppige Bart sollte nach dem Essen gereinigt und gekämmt werden, damit er nicht verfilzt; Farben: Schwarz und Pfeffersalz*

GRÖSSE UND GEWICHT: *Schulterhöhe von 60 bis 70 cm, Gewicht: ca. 30 bis 50 kg*

GUT GEEIGNET FÜR: *Menschen mit Zeit und Lust an sportlicher Betätigung*

ANFÄLLIG FÜR: *Tumoren; leider werden überdurchschnittlich viele Riesenschnauzer-Hündinnen nach einer Kastration inkontinent. Ein solcher Eingriff sollte daher gut überlegt sein.*

Deutscher Boxer

Im 18. Jahrhundert war der Boxer ein beliebter Jagdhund und wurde hauptsächlich als Sau- und Bärenpacker gehalten. Er hielt das gestellte Wild fest, bis die Meute oder die Jäger es erlegten. Sein gerades breites Maul mit dem vorstehenden Unterkiefer eignete sich gut für diese Aufgabe, denn so konnte der Hund sich fest verbeißen und trotzdem gleichzeitig atmen. Als Gewehre die Bärenpacker ersetzten, half der Boxer Metzgern in den Schlachthöfen, das Großvieh in Schach zu halten und daran zu hindern, seinem Schicksal davonzulaufen.

Das zerknautschte, immer etwas grimmig dreinblickende Gesicht ist auch heute noch das »Markenzeichen« der Rasse. Aber auch sein Mut ist dem Kraftpaket bis heute geblieben. So ist er immer noch ein zuverlässiger Wachhund, der sich gut ausbilden lässt. Nicht von ungefähr zählt der Boxer bis heute zu den anerkannten Diensthunderassen.

Kann er sich draußen genügend austoben, ist er im Haus angenehm ruhig – es sei denn, es klingelt an der Tür. Dann nämlich kann er mit seinem lauten, tiefen Bellen so manchen »unerwünschten« Besucher in die Flucht schlagen. Seiner Familie ist der Boxer treu ergeben, und obwohl von Natur aus vorsichtig mit Fremden, ist er niemals hinterlistig oder kompliziert. Daher ist heute aus dem Saupacker von anno dazumal ein beliebter Familienhund geworden, der auch gut mit Kindern zurechtkommt. Er ist robust, nervenstark und zuverlässig, wenn er lernt, sein Temperament zu zügeln.

Boxer sind selbstbewusst und lernen ausgesprochen schnell. Daher sollten Sie schon etwas Hundeerfahrung haben, wenn Sie sich für diese Rasse entscheiden. Dafür bekommen Sie aber nicht nur einen lebhaften, schneidigen und kampfeslustigen Hund, sondern auch einen gutmütigen, vergnügten, gelehrigen Freund, der treu wie Gold ist. 🐾

INFOS ZUR RASSE

GESCHICHTE: *Der Boxer stammt ursprünglich aus Bayern, ist aber mittlerweile in der ganzen Welt zu Hause. Um 1850 wurde er in München aus verschiedenen molosserartigen Hunden, wie Bullenbeißer und Englischer Bulldogge, gezüchtet.*

TYP: *Heute vorwiegend Sport- und Begleithund, sonst Schutz- und Gebrauchshund*

FELL: *Pflegeleicht, kurz und anliegend; Farben: Hellgelb bis Dunkelhirschrot oder Gestromt mit schwarzer Maske, weiße Abzeichen sind willkommen. Über ein Drittel der Hunde werden weiß geboren, sie sind nicht zur Zucht zugelassen.*

GRÖSSE UND GEWICHT: *Schulterhöhe von 53 bis 63 cm, Gewicht: 24 bis 32 kg*

GUT GEEIGNET FÜR: *Sportliche, selbstbewusste Menschen, gerne mit Familienanschluss*

ANFÄLLIG FÜR: *Hüftgelenksdysplasie, Herz- und Tumorerkrankungen, Spondylose (Krankhafte Veränderung der Wirbelsäule)*

Rhodesian Ridgeback

Diese Rasse hat eine stetig wachsende Fangemeinde und gehört mancherorts schon fast zum alltäglichen Straßenbild. Dabei ist der Rhodesian Ridgeback nach wie vor ein Fremder in unserer modernen Menschenwelt, auch wenn die Hunde, mit denen wir heute hier in Europa leben, keine Löwenjäger mehr sind. Denn

---
INFOS ZUR RASSE

GESCHICHTE: *Die Urahnen dieser Rasse stammen von Hunden der Pioniere der Kap-Kolonie ab, die sich mit den domestizierten Hottentotten-Hunden vermischten. Diese hatten damals schon den charakteristischen Rückenkamm, für den der Ridgeback heute so berühmt ist. Der Rassestandard wurde 1924 offiziell anerkannt.*

TYP: *Jagdhund, Wachhund, Begleithund*

FELL: *Kurz, dicht, glatt, ohne Unterwolle; Farbe: Weizengelb und alle Rottöne*

GRÖSSE UND GEWICHT: *Schulterhöhe von 61 bis 69 cm, Gewicht: 29 bis 37 kg*

GUT GEEIGNET FÜR: *Menschen, die den Hund wohlwollend und gelassen führen können. Wer sich bereits im Alltag überfordert fühlt, sollte von dieser Rasse besser Abstand nehmen. Das gilt auch für ausgesprochen harmoniebedürftige Menschen, die leiden, dass ihr Hund nicht jeden mag.*

ANFÄLLIG FÜR: *Dermoid Sinus (Störung in der embryonalen Entwicklung, bei der eine Hauteinstülpung im Bereich des Rückens bis zum Rückenmark wachsen kann); betroffene Welpen müssen operiert werden, sind anschließend aber beschwerdefrei.*

im Gegensatz zu ihrer ursprünglichen Bestimmung müssen sie bei uns auch in dicht besiedelten Gebieten ohne Konflikte mit Menschen und Artgenossen leben. Ein Ridgeback, wie er sein sollte, ist zurückhaltend, erhaben, mutig, würdevoll, sensibel, ohne Scheu und Aggression. Allerdings bedeutet »mutig sein« nichts anderes als die Bereitschaft, Konflikte auszutragen. Viele Hundebesitzer hoffen zwar, dass ihr Hund erst dann mutig wird, wenn es aus Menschensicht angebracht ist. Doch Hunde handeln nun mal aus Hundesicht, und deshalb ist der mutige Ridgeback nichts für Menschen, denen Harmonie über alles geht, und die am liebsten niemals anecken wollen.

Als echter Spätzünder ist der Rhodesian Ridgeback erst mit drei Jahren wirklich erwachsen und charakterlich stabil – und so mancher Rhodesian-Besitzer wartet darauf das ganze Hundeleben lang vergeblich. Die spätreifen Hunde überraschen ihre Besitzer ungefähr drei Jahre lang mit neuen Reaktionen auf altbekannte Situationen. Hier ist Führung gefragt, um den Hund in einer Welt anzuleiten, an die er nur schlecht angepasst ist. Konkret bedeutet das eine lange Zeit der Aufmerksamkeit und Geduld sowie viel Arbeit an der langen Leine. Denn die sensiblen Hunde reagieren bereits auf geringste Veränderungen ihres Umfelds und zeigen oft gerade bei plötzlich auftretenden Reizen, was tatsächlich in ihnen steckt: niedrige Reizschwelle und blitzschnelle Reaktion, für welche die meisten Zweibeiner eindeutig zu langsam sind. 🐾

Weimaraner

»Grey Ghost« nennt man diese Rasse in den USA, was die edle Erscheinung des Weimaraners ganz gut trifft. Doch wer den intelligenten, auf sein Herrchen oder Frauchen fixierten Jagdhund als ein modisches Maskottchen missversteht, zieht sich einen wahren Hausteufel heran. Denn der Weimaraner hat einen lebhaften und aufgeweckten Charakter mit sehr speziellen Eigenschaften: Wildschärfe, Mannschärfe und eine große Jagdpassion. Weimaraner werden absolut rein gezüchtet, weil sich die graue Fellfarbe nur über ein rezessives Gen vererbt. Es ist daher unmöglich, eine andere Rasse einzukreuzen, um seine Verhaltensmuster zu verändern. Das Grau wäre dadurch sofort verloren. Wer einen Weimaraner hat, braucht daher freundliche, nie ermüdende Konsequenz. Hier sind ständige Konzentration, Aufmerksamkeit und konstantes Gehorsamstraining gefragt.

Der Jagdinstinkt der über hundert Jahre alten Rasse sitzt tief. Das macht es natürlich leicht, dem Hund Schweißarbeit, Apportieren und Vorstehen beizubringen. Als einziger Jagdhund besitzt der Weimaraner aber auch einen Schutztrieb. Sein Umfeld verteidigt er, ohne mit der Wimper zu zucken. Das unterscheidet ihn von anderen Vorstehhunden wie Pointer oder Magyar Vizsla und erfordert eine gute Sozialisation auf Menschen, damit der Hund lernen kann, situationsangepasst zu reagieren. Der Weimaraner ist anspruchsvoll, dominant und gleichzeitig hochsensibel. Er hat einen sehr starken Willen und probiert sein Leben lang aus, wie weit er gehen kann. Er ist absolut kein Hund für Anfänger. Zudem muss ein Weimaraner, der nicht jagdlich geführt wird, dringend mit Rettungshundearbeit, Fährtensuche oder Ähnlichem gefordert werden.

Der um 1900 aufgekommene langhaarige Weimaraner ist weniger verbreitet als die Kurzhaarvariante.

INFOS ZUR RASSE

GESCHICHTE: *Seit Beginn der planmäßigen Zucht im Jahre 1878 erfreut sich der selbstbewusste Jäger vor allem in Thüringen großer Beliebtheit. Dass es diese Hunde schon wesentlich länger gibt, beweist zum Beispiel ein Gemälde vom Hofe Ludwigs des XIV., auf dem ein silbergrauer Jagdhund abgebildet ist, der einem Weimaraner verblüffend ähnlich sieht. 1897 wurde der »Weimaraner Klub e. V.« gegründet, der sich die Reinzucht zum Ziel gesetzt hat. Weimaraner sind damit die ältesten deutschen Vorstehhunde.*

TYP: *Jagd- und Gebrauchshund*

FELL: *Dicht und glatt anliegendes Kurzhaar ohne oder mit geringer Unterwolle oder weiches, leicht welliges Langhaar mit und ohne Unterwolle; Farbe: Grau*

GRÖSSE UND GEWICHT: *Schulterhöhe von 57 bis 70 cm, Gewicht: 25 bis 40 kg*

GUT GEEIGNET FÜR: *Menschen, die viel Zeit haben, den Hund artgerecht auszulasten und zu beschäftigen; am besten geeignet für Jäger*

ANFÄLLIG FÜR: *Rassebedingte Krankheiten sind selten, vereinzelt treten Fälle von Hüftgelenksdysplasie auf.*

HALTER-INTERVIEW

Wie lebt es sich mit einem **Weimaraner?**

KATHRIN ULLRICH

Die 45-jährige selbstständige Unternehmerin ist verheiratet und hat einen 25-jährigen Sohn. Ihre beiden Weimaranerrüden Maximus und Bruno sind sechseinhalb und fünf Jahre alt.

WARUM HABEN SIE SICH FÜR EINEN WEIMARANER ENTSCHIEDEN?
Wir hatten bestimmte Vorstellungen: Es sollte ein großer, kurzhaariger, sportlicher Hund sein. Einer, der auch bewacht, weil wir ein Haus mit einem großen Grundstück in Süditalien haben. Und er sollte mir vom Aussehen her gefallen. In einem Rassebuch sind wir dann auf den Weimaraner gestoßen. Die Charakteristik traf genau auf meine Wünsche zu, und sein Wesen war so beschrieben, dass ich meinte, den Hund problemlos erziehen und handhaben zu können.

WARUM HABEN SIE SICH DANN RECHT BALD EINEN ZWEITEN HUND GEKAUFT?
Der Weimaraner ist ein Spätzünder, was mir aber lange nicht bewusst war. Maximus war im Alter von einem Jahr ein Musterknabe. Er hat damals noch nicht das Potenzial gezeigt, das er heute hat. Als Junghund war er gegenüber allem und jedem total freundlich, überhaupt nicht angriffslustig. Er war einfach der perfekte Hund. Er hat wahnsinnig schnell gelernt, und ich war immer sehr stolz auf ihn. In der Hundeschule war er, verglichen mit anderen, immer weit vorne, und es hat einfach riesigen Spaß gemacht, mit ihm zu arbeiten. Und weil anfangs alles so einfach ging, wollte ich die Freude quasi verdoppeln. Was mich jedoch am meisten angestachelt hat, war die Reaktion anderer Leute. Das ging schon los, bevor wir überhaupt den ersten Hund hatten. Während ich mit meinem Mann in einer Buchhandlung in ein Weimaranerbuch guckte, sprach uns ein Jäger an und schimpfte, weil wir uns einen solchen Hund als Familienhund zulegen wollten. Ähnliche Erfahrungen machten wir dann, als Maximus bei uns war. Egal, ob in der Hundeschule oder auf der Straße, ständig hieß es: »Ein Weimaraner, das wird ja mal was!« oder »Sie werden noch Ihr blaues Wunder erleben mit diesem Hund!«. Ständig bekam ich solche Kommentare zu hören. Da habe ich mir gedacht: »Euch zeige ich es!«, und habe zu Maximus gleich noch einen zweiten Weimaraner Rüden dazugenommen. Ich wollte mir selber und dem Rest der Welt beweisen, dass ich das schaffe.

WAS TRIEB SIE DAZU? EHRGEIZ?

Vielleicht war es tatsächlich ein Stück weit der Ehrgeiz, meine eigene Stärke zu testen. Wahrscheinlich bin ich meinen Hunden da ziemlich ähnlich. Ich möchte sehen, wie stark ich mental bin und wie klar. Die Hunde zeigen mir durch ihr Verhalten sehr deutlich, wenn ich ungenau oder unsicher bin. Das finde ich fantastisch. Das gefällt mir.

SIE SAGTEN, WEIMARANER SIND SPÄTREIF. WAS HAT SICH VERÄNDERT, ALS DIE HUNDE ÄLTER WURDEN?

Als Maximus erwachsen wurde, so etwa mit drei Jahren, kam zum Beispiel die Zeit, in der er immer wieder meinen Mann hinterfragt hat. Oder Bruno: Er war gegenüber Menschen zwar immer schon eher vorsichtig, aber nie aggressiv. Dass er arg bewacht und fremde Menschen stellt, hat erst mit dreieinhalb angefangen. In den ersten eineinhalb bis zwei Jahren war er auch zu allen Hunden freundlich, kam mit allen gut aus. Mittlerweile gehe ich den Kontakt zu anderen Hunden nur sehr langsam und kontrolliert an. Wenn sich ein anderer Hund den beiden nicht gleich unterwirft, fordern die das ein. Die wollen immer wissen, wer der Chef ist.

WAS MEINEN SIE DAMIT, DASS DER HUND MENSCHEN HINTERFRAGT?

Der lotet genau seine Grenzen aus und will wissen, ob das, was gestern gegolten hat, auch heute noch gilt. Wenn Maximus etwas für sich beanspruchen möchte, Futter zum Beispiel oder einen Platz auf dem Sofa, merkt er sofort, wenn der Mensch ihm gegenüber nicht ganz sicher ist. Ist man nachgiebig oder meint es vielleicht nicht 100-prozentig ernst, nimmt Maxi-

mus dies sofort wahr und beansprucht die Ressource für sich – und verteidigt sie dann auch vehement und recht zackig.

DAS KLINGT ABER ANSTRENGEND!

Ich muss immer sehr konzentriert sein, wenn ich mit den Hunden zusammen bin. Wenn ich nicht merke, ob mein Hund mich etwas fragt, entscheidet er selbst und verselbstständigt sich. Dazu kommt, dass Bruno sich sehr an Maximus orientiert. Wenn Maximus sich also verselbstständigt, geht Bruno gleich hinterher. Ich laufe zum Beispiel jeden Tag von meinem Haus weg an einem Hühnerstall vorbei, und Maximus »fragt« seit sechs Jahren jeden Tag an derselben Ecke: »Darf ich zu den Hühnern?« »Nein!« Ein einziges Mal habe ich das vergessen. Sofort ist er hin und hat ein Hühnchen apportiert.

WAS MEINEN SIE: WELCHE FÄHIGKEITEN BRAUCHT EIN MENSCH, DER EINEN WEIMARANER HALTEN MÖCHTE?

In erster Linie viel Ruhe und Liebe. Ein Weimaraner kann eigentlich nur mit viel Liebe gut geführt werden. Und man braucht viel Zeit. Zeit, die man intensiv mit dem Hund verbringt, indem man ihn fordert, ihm Aufgaben stellt. Wenn der Weimaraner etwas tun kann, das ihm entspricht, ordnet er sich auch gerne ein. Freies Suchen, Apportieren, Fährtenarbeit, Mantrailing, Unterordnung, am besten das ganze Programm. Aber immer kontrolliert, mit Ruhe und nach den Regeln des Menschen. Trieb hat dieser Hund schon genug, man muss wissen, wie man ihn bremst. Einem Menschen, der wenig Ausstrahlung und keine starke Persönlichkeit hat, würde ich nicht zu einem Weimaraner raten.

Siberian Husky

Die Natur ist diesem Hund ein Stück näher als anderen. Trotzdem oder gerade deswegen ist der Siberian Husky in den letzten Jahren mehr und mehr in Mode gekommen. Bei genauerer Betrachtung ist das kein Wunder, denn er ist nicht nur urwüchsig, sondern auch ausgesprochen schön, verspielt, freundlich, intelligent und aufmerksam. Und so hecheln die »Nordlichter« mittlerweile von Hochhausbalkons herunter, drücken sich um die Häuserecken der Großstadt und heulen stundenlang in Vorstadtgärten. Denn sie sind und bleiben trotz all ihrer Vorzüge nun einmal regelrechte Arbeitstiere. Bei Obedience- oder Begleithundeprüfungen sieht man sie dennoch selten.

Die Erziehung eines so naturnahen Hundes wie dem Husky kann aufgrund seiner ganz eigenen, ursprünglichen Intelligenz recht schwierig sein. »Bei Fuß« kommt in der Wildnis einfach nicht vor. Gehorsam aufgrund von Druck funktioniert beim Siberian Husky ebenfalls nicht. Der Nordische gehorcht nur jemandem, den er als »Chef« respektiert, und diesen Respekt muss man sich verdienen: durch viel Ruhe, Geduld, Gelassenheit und lückenlose Konsequenz.

Als Schlittenhund verfügt der Husky über einen ausgeprägten Bewegungsdrang gepaart mit Schnelligkeit, Ausdauer und der Fähigkeit, lange Strecken mit geringem Energieverbrauch zurückzulegen. Das

kann für den Besitzer bedeuten, dass er im Sommer um fünf Uhr morgens aufstehen muss, um zwei bis drei Stunden mit seinem Hund um die Wette zu laufen. Ausgedehnte Spaziergänge während der Mittags- oder Nachmittagshitze sind zu dieser Jahreszeit nämlich tabu. Bekommt dieser außerordentlich aktive Hund jedoch zu wenig Bewegung und Beschäftigung, entwickelt er durchaus zerstörerische Züge und reißt buchstäblich die Tapete von den Wänden. Die Jagdleidenschaft des Husky ist kaum zu bremsen und lässt sich auch mit Wiener Würstchen nicht so einfach umlenken. Spaziergänge ohne Leine sind daher eher die Ausnahme, was es doppelt schwer macht, dem enormen Bewegungsdrang des Hundes zu entsprechen.

INFOS ZUR RASSE

GESCHICHTE: *Ursprünglich kommen sie aus dem nördlichen Sibirien, der Überlieferung zufolge begleiten Huskys die dortigen Nomadenvölker schon seit Jahrtausenden auf ihren Wanderungen und zur Jagd. Die eigentliche Zucht soll bereits vor etwa 3000 Jahren begonnen haben, als der Volksstamm der Tschuktschen planvoll in die natürliche Vermehrung ihrer Schlittenhunde eingriff: Nur die arbeitsfähigsten Hunde durften sich fortpflanzen. Die offizielle Zucht der Rasse wurde jedoch erst 1910 in Alaska begonnen, weshalb häufig auch die USA als Ursprungsland des Husky gilt.*

TYP: *Nordischer Arbeits- und Schlittenhund*

FELL: *Dicht und absolut wetterfest, ab und zu bürsten reicht; Farben: alle von Schwarz bis Reinweiß, eine Vielfalt an Zeichnungen am Kopf ist üblich*

GRÖSSE UND GEWICHT: *Schulterhöhe von 51 bis 60 cm, Gewicht: 16 bis 28 kg*

GUT GEEIGNET FÜR: *Alle Sportler, die am besten täglich lange Strecken zurücklegen; am liebsten ziehen die Hunde dabei Schlitten oder Wagen*

ANFÄLLIG FÜR: *Vereinzelt Hüftgelenksdysplasie, Zinkmangel und Allergien; nicht wirklich überraschend: Huskys vertragen Hitze schlecht.*

Rottweiler

Der Rottweiler ist nicht nur optisch ein wahres Kraftpaket, und sein Äußeres wirkt auf viele Menschen Furcht einflößend. Der klassische Metzger- und Treibhund wurde hauptsächlich in der alten Freien Reichsstadt Rottweil mit ihren großen Viehmärkten gezüchtet. Er konnte Bullen bändigen und Wagen ziehen. Im Laufe der Zeit wurde er immer öfter auch als Wach-, Militär- oder Polizeihund eingesetzt und zählt bis heute zu den anerkannten Diensthunderassen. Denn der urwüchsige, kraftstrotzende Hund ist wendig, ausdauernd und mit einem natürlichen Wach- und Schutztrieb ausgestattet. Hinter seiner gedrungenen Gestalt verbergen sich aber nicht nur starke Muskeln, sondern im Idealfall ein herzlicher und gutmütiger Charakter, der seiner Familie sehr zugetan ist. Hat er früh genug gelernt, seine Kraft und sein Temperament zu zügeln, präsentiert er sich in der Regel ruhig und selbstsicher. Er ist nervenfest und unerschrocken – wenn die Zuchtauswahl entsprechend angelegt ist. Durch diverse Vorfälle hat der Rottweiler einen schlechten Ruf bekommen und ist vielerorts als Kampfhund verschrien. Meistens ist jedoch der Halter und nicht der Hund für Problemverhalten verantwortlich. Für nervöse oder unsichere Menschen ist ein Rottweiler mit Sicherheit der falsche Partner. Man sollte zudem besonders darauf achten, dass der Hund mit einer hohen Reizschwelle ausgestattet ist, unkontrolliert wird er sonst schnell zu einer Gefahr. Er sollte von klein auf lernen, dass er nicht an der Leine ziehen darf und der Mensch die Richtung vorgibt. Wer das versäumt, hat später gegen so viel Power kaum eine Chance. Der Rottweiler liebt kraftraubende Aufgaben und verausgabt sich gern im Turnierhundesport. Insgesamt aber ist sein Bewegungsbedürfnis nicht so groß. Er ist in erster Linie ein Arbeitshund und muss nicht unbedingt viel laufen. ❧

INFOS ZUR RASSE

GESCHICHTE: *Der Rottweiler ist nah verwandt mit den Molossern, einer weit verbreiteten Hunderasse des Altertums. Die Hunde zogen mit den römischen Legionen über die Alpen, beschützten die Menschen und trieben das Vieh. So gelangten sie bis ins schwäbische Rottweil, wo sie mit einheimischen Hunden gekreuzt wurden.*

TYP: *Begleit-, Dienst und Sporthund*

FELL: *Derbes, kurzes, gut anliegendes Stockhaar mit Unterwolle; Farbe: Schwarz mit scharf abgegrenzten, rotbraunen Abzeichen über den Augen, an Backen, Fang, Brust und Läufen*

GRÖSSE UND GEWICHT: *Schulterhöhe von 56 bis 68 cm, Gewicht: 40 bis 50 kg, manchmal auch 60 kg und mehr*

GUT GEEIGNET FÜR: *Erfahrene Hundehalter; insbesondere die Rüden neigen zu Dominanzstreben und können eine unbändige Kraft entwickeln. In einigen Bundesländern, etwa in Bayern, ist das Halten von Rottweilern nur nach bestandenem Wesenstest erlaubt.*

ANFÄLLIG FÜR: *Hüftgelenks- und Ellbogendysplasie*

Berner Sennenhund

Der Berner ist gutmütig und eher gemütlich, also kein Hund, der nach einer besonderen Lebensaufgabe sucht. Sein freundlicher Gesichtsausdruck, das lange, puschelige Fell und sein ruhiges Wesen haben zu seiner Popularität beigetragen. Er ist wohl der bekannteste Vertreter der vier Sennenhundrassen. Neben ihm gibt es den großen Schweizer, den Appenzeller und den Entlebucher Sennenhund (→ Seite 114). Alle vier sind klassische Haus- und Hofhunde. Der Berner ist ein imposantes Tier und bringt gut und gerne fünfzig Kilo auf die Waage. Bäuerlich handfest waren in früheren Zeiten auch seine Aufgaben: Er zog die Milchkannen zum Markt und beschützte Haus und Hof. Heute ist der Berner indes ein reiner Gesellschafts- und Begleithund, aber immer noch ideal dazu geeignet, auf einem Bauernhof zu leben. Man sieht ihn zwar hin und wieder in der Stadt, doch der Berner gehört nicht in eine kleine Wohnung. Dieser Typus Hund braucht Platz, am besten einen Garten, den er bewachen und in den er ausweichen kann, wenn es ihm im Haus zu warm wird. Er ist wachsam, aber grundsätzlich freundlich und aufgeschlossen gegenüber Mensch und Tier. Der Berner ist leichtführig und lernt schnell, beides Eigenschaften, die ihn trotz seiner Größe zu einem guten Familienhund machen. Er ist der ideale Gefährte zum Wandern, man kann ihn sogar das Gepäck tragen lassen. Da er früher als Karrenhund eingesetzt wurde, lässt er sich gut trainieren, um Schlitten und Wagen zu ziehen. Für rasanten Hundesport wie Agility oder Frisbee ist die Rasse wegen ihres Körperbaus allerdings weniger geeignet. Aufgrund seiner Größe gehört der Berner Sennenhund zudem leider nicht zu den langlebigen Hunderassen. Er überschreitet selten ein Alter von zehn Jahren. Um Gelenkserkrankungen vorzubeugen, sollte in den ersten beiden Lebensjahren darauf geachtet werden, dass er richtig ernährt und nicht überanstrengt wird. Ständiges Treppensteigen geht dem Berner Senn nämlich auf Hüft- und Ellbogengelenke. ✿

INFOS ZUR RASSE

GESCHICHTE: Entstanden ist die Rasse aus Schweizer Bauernhunden in der Nähe von Bern. 1904 wurde sie ins Schweizerische Hundestammbuch eingetragen, den heute gültigen Rassestandard gibt es erst seit 1993.

TYP: Hof- und Treibhund, heute Begleithund

FELL: Lang, schlicht oder leicht gewellt, sollte jeden zweiten Tag gebürstet werden; Farbe: Schwarz mit sattem braunrotem Brand an den Backen, über den Augen, an allen vier Läufen und auf der Brust sowie weißer gleichmäßiger Blesse, Fang-, Kehl- und Brustzeichnung

GRÖSSE UND GEWICHT: Schulterhöhe von 58 bis 70 cm, Gewicht: 35 bis 55 kg

GUT GEEIGNET FÜR: Menschen mit großem Garten und viel Platz, die großzügig über ein paar Hundehaare und etwas Dreck hinwegsehen

ANFÄLLIG FÜR: Hüftgelenks- und Ellbogendysplasie, Tumorerkrankungen, Nierenversagen, Rollauge und Magendrehung

Bernhardiner

Es ist das Zusammenspiel von Stärke und Sanftmut, das die Rasse ausmacht und insbesondere Kinder fasziniert. Und tatsächlich schafft es der Bernhardiner, sich durch seine bloße Anwesenheit Respekt zu verschaffen. Dabei ist er verschmust und sehr gelassen. Allerdings kann schon eine unvorsichtige Kopfbewegung genügen, um ein Kind umzustoßen.

Viele kennen Bernhardiner vor allem als Rettungshunde. Der berühmteste seiner Art war der Schweizer Lawinenhund Barry. Er suchte Anfang des 19. Jahrhunderts angeblich aus eigenem Antrieb verirrte Reisende im Schnee und soll so in zwölf Jahren 40 Menschen gerettet haben. Allerdings waren Bernhardiner zu Barrys Zeit noch wesentlich leichter und kleiner. Heute sind sie aufgrund ihrer Masse als Rettungs- und Gebrauchshunde eher ungeeignet. Durch die Zuchtauslese sind sie einfach zu schwer und zu träge geworden.

INFOS ZUR RASSE

GESCHICHTE: *Seit Mitte des 17. Jahrhunderts hielten die Mönche auf der Passhöhe des Großen St. Bernhard zum Schutz des Hospizes große Berg- und Bauernhunde. Die »Bernhardiner« wurden auch als Rettungshunde für verirrte Reisende eingesetzt, und ihr Ruf als mutige Lebensretter verbreitete sich schnell in ganz Europa. Doch nicht das Kloster, sondern ein privater Züchter, Heinrich Schumacher von Hollingen bei Bern, stellte 1867 als Erster für seine Hunde Abstammungsurkunden aus. Seit 1884 wird der Bernhardiner auch im Schweizerischen Hundestammbuch (SHSB) geführt, seit 1887 ist er offiziell als schweizerische Hunderasse anerkannt.*

TYP: *Begleit-, Wach- und Hofhund*

FELL: *Langhaarig: mittellang, glatt oder leicht gewellt; kurzhaarig: dichtes, eng anliegendes Stockhaar; Farbe: Weiß mit etwas Rot oder umgekehrt, aber nie einfarbig*

GRÖSSE UND GEWICHT: *Schulterhöhe von 65 bis 90 cm, Gewicht: 70 bis 80 kg*

GUT GEEIGNET FÜR: *Menschen mit viel Platz und einem großen Garten*

ANFÄLLIG FÜR: *Bindehautentzündungen, Hüftgelenks- und Ellbogendysplasie, Magendrehung, Knochenkrebs*

Als Junghunde tollen sie zwar noch gerne herum, später begnügen sie sich aber mit ruhigen Spaziergängen. Der Bernhardiner lernt gern und ordnet sich ebenso gern unter. Nur vernachlässigen darf man ihn nicht: Ein unerzogener Hund dieser Größe kann schnell gefährlich werden. 🐾

Samojede

Er sieht aus, wie ein ausgebleichter Großspitz, doch in Wirklichkeit ist der Samojede ein waschechter Schlittenhund. Seine Augenform und seine leicht nach oben gerundeten Mundwinkel lassen den Eindruck entstehen, als würde dieser Hund ständig lächeln. Schön, dass er auch so freundlich ist, wie er aussieht, dabei robust, zäh und für arktische Verhältnisse wie geschaffen. Lange Touren sind im Sommer daher nur am frühen Morgen oder spät am Abend zu empfehlen. Trotz seines anhänglichen und freundlichen Charakters sollte seine Anschaffung gut überlegt sein. Wie alle Hunde vom nordischen Typ ist auch der Samojede dem Urahn Wolf nicht nur vom Körperbau her sehr ähnlich. Sein großer Bewegungsdrang, das selbstständige Wesen und seine enorme Jagdleidenschaft stellen hohe Ansprüche an den Besitzer. Dieser schöne Naturbursche will nicht nur spazieren geführt werden. Er muss viel rennen und mit anderen Hunden um die Wette laufen dürfen. Daher braucht er einen aktiven, sportlichen Partner, der ihn am Fahrrad bewegt oder im Idealfall sogar Gefallen am Schlittenhundesport findet. Aber auch Agility und andere schnelle Hundesportarten machen diesem Tier Spaß und sorgen für seinen seelischen Ausgleich. Auf jeden Fall ist er kein Hund nur für den Garten. Ein unterbeschäftigter Samojede kann leicht die Wohnung verwüsten oder exzessiv bellen. Ist er dagegen zufrieden und ausgelastet, ist der Samojede ein fröhlicher Gefährte, der zwar nicht auf den ersten, meist aber auf den zweiten Pfiff und dafür mit umso größerer Freude herankommt. 🐾

INFOS ZUR RASSE

GESCHICHTE: *Die ursprüngliche Heimat des Samojeden liegt in Westsibirien. Seinen Namen hat er vom Volk der Samojeden, das ihn als Schlittenhund, Jagdgefährten und zum Hüten der Rentierherden einsetzte. Oft durfte der Hund nachts mit ins Zelt, wahrscheinlich als Bettwärmer. Vielleicht ist das der Grund, warum er als besonders freundlich und zutraulich gilt.*

TYP: *Nordischer Schlitten- und Begleithund*

FELL: *Dicht, wollig mit wetterfestem Deckhaar; das Fell sollte ein- bis zweimal in der Woche gebürstet werden, da es sonst verfilzt; Farben: vorzugsweise Reinweiß, aber auch Weißgelb, Schwarzweiß und Schwarzbraun*

GRÖSSE UND GEWICHT: *Schulterhöhe von 50 bis 60 cm, Gewicht: 20 bis 30 kg*

GUT GEEIGNET FÜR: *Menschen, die viel Freude an Bewegung und ein Faible für nordische Hundetypen haben*

ANFÄLLIG FÜR: *In seltenen Fällen Hüftgelenksdysplasie, Taubheit und Allergien*

GROSSE HUNDERASSEN

Kuvasz

Liebhaber dieses Hundetypus besticht seine Imposanz, seine außergewöhnliche Kraft und die archaische Ausstrahlung. Doch als personifizierte Selbstständigkeit und Unabhängigkeit eignet er sich wenig zum Gesellschafts- und Begleithund. Auf einen unbedarften Betrachter wirkt der »weiße Riese« oft wie ein harmloses Schaf. Doch hinter der ruhigen Fassade wacht ein äußerst wehrhafter und verteidigungsbereiter Kämpfer. Als Hüter der Schafherden war sein Hauptgegner lange Zeit der Wolf. Im letzten Jahrhundert, als die Herden deutlich kleiner wurden, entwickelte sich der Kuvasz immer mehr zum Wächter der Gehöfte. Es heißt, dass er Besucher zwar aufs Grundstück lässt, aber nicht mehr hinunter.

Sowohl als Hirtenhund als auch als Hofwächter hat der Kuvasz seine Entscheidungen stets autonom getroffen. Diese Eigenständigkeit, gepaart mit einer gehörigen Portion Schärfe, bestimmt auch heute noch sein Wesen. Nur Menschen mit großen, eingefriedeten Grundstücken in ländlicher Umgebung können so einem urwüchsigen Hund ein artgerechtes Leben bieten. Und selbst dann braucht der Halter eine gute Portion Fachwissen, speziell über Herdenschutzhunde und die richtige Mischung aus Geduld, mentaler Stärke und Unnachgiebigkeit. Denn der Kuvasz ist souverän, unbestechlich und rechnet eigentlich immer damit, dass seine Familie überfallen werden könnte. Dieser Hund will einen Job und einen starken Anführer, sonst wird das Zusammenleben mit ihm schwierig. 🐾

INFOS ZUR RASSE

GESCHICHTE: *Hirtenhunde mit weißer Farbe gibt es in ganz Europa – von Spanien bis Russland –, und sie alle haben eine lange Geschichte. Den Kuvasz kannte man bereits im 15. Jahrhundert, sein Name kommt aus dem Türkischen und bedeutet so viel wie »Beschützer«.*

TYP: *Herdenschutzhund*

FELLL: *Gewellt bis lockig; Farbe: Weiß bis Elfenbeinfarben*

GRÖSSE UND GEWICHT: *Schulterhöhe von 66 bis 75 cm, Gewicht: ca. 30 bis 52 kg*

GUT GEEIGNET FÜR: *Menschen, die ein großes Grundstück zum Bewachen und genügend Fachwissen und Persönlichkeit haben, so einen Hund zu führen*

ANFÄLLIG FÜR: *Bis auf die bei großen Rassen häufig auftretenden Gelenksprobleme ist der Kuvasz ein recht robuster Hund.*

Leonberger

Dieser mächtige Hund war vor allem Mitte des 19. Jahrhunderts »en vogue«. Der eiserne Kanzler Bismarck hatte einen, der italienische Freiheitsheld Garibaldi, Richard Wagner, ebenso wie die österreichische Kaiserin Elisabeth, der Prinz von Wales und König Eduard VII. Zu verdanken hatte der Leonberger seine Beliebtheit dem Züchter und geschickten Geschäftsmann Heinrich Essig. Da seine Heimatstadt Leonberg einen Löwen im Wappen trug, züchtete er aus Landseer, Bernhardiner, Pyrenäenhund und verschiedenen Bauernhunden der Region einen löwenartigen Repräsentationshund. Wie alle großen und schweren Hunde wird der Leonberger leider selten älter als acht Jahre. Aber er ist freundlich, ruhig, duldsam und leicht zu handhaben. Da er weder scheu noch aggressiv ist, eignet er sich gut als Familienhund. Doch auch der seelenvollste Leonberger wirkt allein durch seine imposante Größe und sein tatsächlich löwenhaftes Erscheinungsbild einschüchternd. Ein guter Grundgehorsam ist daher Pflicht. Ein gewisses Wach- und Schutzpotenzial ist zudem durchaus noch vorhanden, möglicherweise durch das Herdenschutzerbe einiger seiner Vorfahren. Schon aufgrund seiner Größe und des dichten Haarkleids ist er völlig ungeeignet für die Stadt oder eine kleine, für seinen Geschmack viel zu gut beheizte Wohnung. Wie sein Verwandter, der Neufundländer (→ Seite 162), schwimmt er gerne und sollte auch die Möglichkeit dazu erhalten. Ansonsten genügen ihm regelmäßige Spaziergänge und ein großer Garten. Für Hundesport ist er aufgrund seiner Größe und des Gewichts weniger geeignet. 🐾

INFOS ZUR RASSE

GESCHICHTE: *Die Rasse wurde erstmals 1846 vom Leonberger Stadtrat Heinrich Essig gezüchtet. Die genaue »Rezeptur« blieb sein Geheimnis.*

TYP: *Hof- und Begleithund*

FELL: *Mittelweich bis derb, lang mit dichter Unterwolle; Farben: Goldgelb bis Rotbraun mit dunkler Maske, Sandfarben und Silbergrau*

GRÖSSE UND GEWICHT: *Schulterhöhe von 65 bis 80 cm, Gewicht: 45 bis 70 kg*

GUT GEEIGNET FÜR: *Anfänger und Familien mit genügend Platz*

ANFÄLLIG FÜR: *Hüftgelenksdysplasie*

Neufundländer

Der Neufundländer ist ein Gemütshund, der es ruhig mag und durchaus auch einmal gerne für sich ist. Joggen oder andere hektische Freizeitbeschäftigungen sind nichts für ihn, er bevorzugt ausgedehnte Spaziergänge. Der gemütliche Riese liebt es, von einem Platz in seinem Revier das Geschehen um ihn herum zu beobachten. Wer ihm ein optimales Zuhause bieten will, sollte ihm darum einerseits Familienanschluss ermöglichen, andererseits eine gemütliche Hütte im Garten als Rückzugsmöglichkeit lassen.

Hektisch oder nervös ist der Neufundländer eher selten, vielmehr ist er charakterlich ebenso stabil, wie er aussieht: selbstsicher, dabei aber sanft, gelassen, unkompliziert und kinderlieb. Der ideale Familienhund also? Ja, wären da nicht seine enorme Kraft und Körpergröße. Ein ausgewachsener Rüde bringt schon einmal 70 Kilo auf die Waage und passt damit längst nicht in jedes Umfeld. Ein durchschnittliches Reihenhaus mit Handtuchgarten ist eindeutig zu klein für diesen Riesen. Auf einem größeren Anwesen, idealerweise mit eigenem Schwimmteich, ist er dagegen ganz in seinem Element. Der Neufundländer schwimmt nämlich für sein Leben gern. Er wurde für die Arbeit im und ums Wasser herum gezüchtet und hat sogar Schwimmhäute zwischen den Zehen. Allzu penibel sollten Sie also nicht sein, denn ein Neufundländer schleppt jede Menge Dreck ins Haus. Während des Fellwechsels liegen zudem fast so viele Haare herum wie in einem Friseursalon. Außerdem entwickeln die Hunde gerne einen intensiven Eigengeruch, besonders wenn sie feucht sind. Wenn Sie also einen Hund möchten, der zackiges Gehorsamkeitstraining liebt, im Haus kaum Spuren hinterlässt und um Pfützen einen weiten Bogen macht, sollten Sie schnell weiterblättern. Wer den Neufundländer allerdings so nimmt, wie er ist, bekommt einen ausgeglichenen, verlässlichen und im Umgang mit Mensch und Tier angenehmen Begleiter. 🐾

INFOS ZUR RASSE

GESCHICHTE: *In seinem Ursprungsland, der Insel Neufundland vor der Nordostküste Kanadas, war dieser Hund ein ausgesprochenes Gebrauchstier. Er half beim Anlanden der Netze, zog in stürmischer See Boote ans Ufer und schleppte als Schlittenhund Baumstämme. Auch heute wird die Rasse wieder vermehrt für die Wasserarbeit herangezogen, vor allem als Wasserrettungshund.*

TYP: *Gesellschafts- und Begleithund*

FELL: *Langes Haar mit dichter Unterwolle, das regelmäßig gebürstet werden muss, um nicht zu verfilzen; Farben: Schwarz, Braun und Weiß-Schwarz*

GRÖSSE UND GEWICHT: *Schulterhöhe von 66 bis 71 cm, Gewicht: 54 bis 68 kg*

GUT GEEIGNET FÜR: *Gemütliche Menschen mit viel Platz und einem großen Herzen für bärenstarke Hunde*

ANFÄLLIG FÜR: *Hüftgelenksdysplasie, Venenkrankheiten und Augenprobleme, auch eine vererbbare Nierenerkrankung kann vorkommen; aufgrund ihres Körperbaus und des dicken Fells mögen diese Hunde keine Hitze.*

GROSSE HUNDERASSEN

Deutsche Dogge

Sie ist der Apoll unter den Hunderassen, sie geht nicht, sie schreitet. Und tatsächlich vermittelt dieser Riese dank seiner enormen Körpergröße, seiner gelungenen Proportionen, der aristokratischen Kopfhaltung und der eleganten Bewegungen ein Bild von Stolz, Kraft und Erlesenheit. Dabei ist sie nicht zu übersehen, aber kaum zu hören. Denn mit ihrer imposanten Erscheinung verbindet sich ein ruhiges, ausgeglichenes und sanftes Wesen. Aufgrund ihrer sanften Art gilt die Deutsche Dogge als guter Familien- und Begleithund. Allerdings sollte man ihre Größe und die eigene Kraft vorher gut einschätzen und entsprechend Zeit in die Erziehung investieren. Zum Glück ist die »Great Dane«, wie sie im englischen Sprachraum genannt wird, selten rauflustig oder gar aggressiv. Kleinere Hunde werden meistens einfach übersehen. Das Laufbedürfnis des erwachsenen Hundes hält sich trotz seiner enormen Größe in Grenzen. Die Dogge mag zwar ausgiebige Spaziergänge, aber als Begleiter für Langstreckenläufer eignet sie sich nicht. Doch auch wenn sie kein übermäßiger Temperamentsbolzen ist: Eine Dogge braucht enorm viel Platz, sehr hochwertiges und vor allem viel Futter und daher einen Besitzer, der in großzügigen Wohnverhältnissen lebt und nicht jeden Euro zweimal umdrehen muss.

Leider ist die Deutsche Dogge, so wie andere Riesenrassen auch, ziemlich krankheitsanfällig. Laut neuesten Studien sterben 83 Prozent, bevor sie das zehnte Lebensjahr erreichen, 59 Prozent werden keine acht Jahre alt und beinahe jede Dritte (28 Prozent) stirbt sogar noch vor ihrem fünften Geburtstag. Für einen Hund, der noch dazu erst so spät ausgewachsen ist wie dieser sanfte Riese, eine ziemlich kurze Erwachsenenzeit. 🐾

INFOS ZUR RASSE

GESCHICHTE: Vom Beginn des 16. Jahrhunderts an lässt sich die Geschichte dieser Rasse vollständig nachverfolgen. Hochläufige Doggen, die unter anderem aus Kreuzungen mit Mastiff und Irischem Wolfshund entstanden, wurden damals aus England nach Deutschland eingeführt. Den Namen »Deutsche Dogge« erhielten sie jedoch erst auf einer Ausstellung 1878 in Berlin. Seit 1888 gibt es den »Deutsche Doggen Club 1888 e. V.«, der die Rasse auch innerhalb des VHD (und FCI) betreut.

TYP: Begleithund

FELL: Kurz, fein, anliegend, ohne Unterwolle; Farben: Gelb, Gestromt, Gefleckt, Schwarz und Blau

GRÖSSE UND GEWICHT: Schulterhöhe von 72 bis 85 cm, Gewicht: 60 bis 85 kg

GUT GEEIGNET FÜR: Menschen mit viel Platz, einem großen Auto und den nötigen Kenntnissen zur fachgerechten Aufzucht

ANFÄLLIG FÜR: Dilatative Cardiomyopathie (Herzmuskelerkrankung) und weitere Herzerkrankungen, Hüftgelenks- und Ellbogendysplasie, Magendrehung, Knochenkrebs, Bindehautentzündung

Von *Menschen* und *Hunden*

Menschen und Hunde scheinen wie füreinander geschaffen. Doch wir müssen die Verantwortung für das Tier übernehmen, damit es ihm gut geht.

WAS HUNDE ALLES
KÖNNEN

Kein Hund ist wie der andere, nicht mal annäherungsweise. Selbst Hunde der gleichen Rasse oder gar solche aus einem Wurf bilden da keine Ausnahme. Doch auch wenn jedes Tier ein Individuum ist, ist sein Verhalten immer das eines Hundes. Hunde denken nicht wie wir und nehmen die Welt völlig anders wahr. Das heißt jedoch noch lange nicht, dass unsere Verhaltensweisen einzigartig wären. Unsere Vierbeiner denken zwar anders, aber sie fühlen ganz ähnlich.

Vor einigen Jahren noch waren die Empfindungen, Gefühle und Persönlichkeiten von Tieren nichts anderes als Stoff für Anekdoten, die sich hauptsächlich Bauern, Vegetarier und vernarrte Haustierbesitzer erzählten. Wer seinem Tier eine eigene Persönlichkeit zuschrieb, es für neugierig, stur oder vorsichtig hielt, musste damit rechnen, in wissenschaftlichen Kreisen verspottet zu werden. Die Forscher nämlich belächelten solche Bewertungen, weil sie darin die laienhafte Vermenschlichung des Tierliebhabers sahen. Doch das hat sich inzwischen geändert. Immer mehr Studien belegen, dass Mäuse, Meerschweinchen, Schimpansen, Braunbären und sogar Grillen, Echsen und Spinnen eine Persönlich-

keit haben. Mehr noch: Die Untersuchung des tierischen Charakters ist mittlerweile zu einem angesagten Forschungsgebiet der Verhaltensbiologie geworden. Persönlichkeitspsychologe Sam Gosling von der University of Texas in Austin ist der zurzeit wohl prominenteste Vertreter einer Forscherriege, die überzeugt ist: Jedes Tier ist anders. Trennt man beispielsweise Kühe von ihrer Herde, so beginnen manche, auf eigene Faust die neue Umgebung zu erkunden, andere warten deutlich zurückhaltender darauf, wieder mit dem Rest der Herde vereint zu sein. Manche Pferde sind besonders ängstlich, andere geselliger und wieder andere berührungsempfindlicher als ihre Artgenossen. Laborratten können mehr oder weniger neugierig sein und sich vor drohendem Schaden fürchten. Trotzdem bezweifeln viele Menschen immer noch, dass der Begriff »Persönlichkeit« für Menschen und Tiere gleichermaßen gilt. Und tatsächlich können Tiere, soweit wir wissen, Erfahrungen, Gefühle und Verhalten nicht so reflektieren, wie wir selbst dies tun. Sie verfügen mit anderen Worten nicht über die »Kunst« des inneren Dialogs, welche nach der Meinung vieler Forscher unsere Persönlichkeit erst ausmacht. Allerdings streiten sich die Wissenschaftler darüber, ob die Fähigkeit zur Selbstreflexion tatsächlich ein entscheidendes Kriterium für Persönlichkeit ist. Doch auch wenn sich die Gelehrten noch uneins sind: In der Alltagswelt ist es geradezu offensichtlich, dass Tiere unterschiedliche Charaktere haben.

DAS BIG-FIVE-MODELL

Zumindest was unsere Hunde betrifft, scheint Einigung in Sicht. Denn wovon Millionen Hundehalter ohnehin überzeugt sind, hat Sam Gosling nun auch mit wissenschaftlicher Gründlichkeit belegt: Hunde haben eine ausgeprägte Persönlichkeit – innerer Dialog hin oder her. Das lasse sich verallgemeinernd sagen, unabhängig vom Beobachter und auch weitgehend unabhängig von der Rasse. Zu diesem Schluss kamen Gosling und sein Team, indem sie ein gängiges Persönlichkeitsmodell der Psychologie auf Hunde übertrugen: Das »Big-Five-Modell«, das Menschen mithilfe von fünf grundlegenden Eigenschaften charakterisiert. Die für dieses Modell verwendeten Fragebögen ließen sich ohne große Probleme an die Vierbeiner anpassen.

Big Five, der Test zur Persönlichkeitserfassung, unterscheidet folgende Kategorien:
- **Neurotizismus:** bedeutet emotionale Stabilität und beschreibt, wie wir Rückschläge verarbeiten.
- **Extraversion:** Anhand der Begeisterungsfähigkeit sieht man, wie wir auf Reize von außen reagieren.
- **Offenheit für Erfahrungen:** Sie lässt ein Bild zu, wie aktiv wir nach neuen Ideen und Erfahrungen suchen.
- **Verträglichkeit:** Sie gibt Auskunft darüber, in welchem Maß wir eigene Interessen über die der anderen stellen.
- **Gewissenhaftigkeit:** Sie beschreibt, wie organisiert wir sind und wie ergebnisorientiert wir arbeiten.

Hinter jeder dieser fünf Bezeichnungen versteckt sich ein »Bündel« wiedererkenn-

barer Eigenschaften: So ist zum Beispiel ein extrovertierter Mensch eher gesellig, unternehmungslustig und durchsetzungsfähig; ein emotional instabiler dagegen eher ängstlich, launisch und gestresst.

Auch Hunde lassen sich einordnen

Von den fünf Eigenschaften des Big-Five-Modells findet man vier analog auch in Hunden, nämlich
- Neurotizismus
- Extraversion
- Offenheit und
- Verträglichkeit

Einzig das Charakteristikum »Gewissenhaftigkeit« konnte Gosling bei Hunden nicht entdecken. »Dieses Attribut besitzen nur Menschen und ihre nächsten Verwandten, die Schimpansen«, meint der Psychologe, denn Gewissenhaftigkeit sei in der Evolution eine vergleichsweise junge Erscheinung.

Und was nutzt das Wissen um die typischen Charaktereigenschaften unserer Hunde im Alltag, fernab aller Wissenschaften? »Mit unserer Methode könnte man in Tierheimen passende Hunde für neue Besitzer ermitteln«, sagt Gosling. Auch einige Hundetrainer erfassen bereits die Persönlichkeit ihrer vierbeinigen »Schüler« nach dem Modell der »Big Four« und stimmen ihr Training entsprechend darauf ab, auch hier in Deutschland. Sie versuchen so, die Hunde noch typgerechter zu fördern und zu fordern. Was aber sagen die vier Kategorien tatsächlich über Hunde aus?

- **Neurotizismus**, also die emotionale Stabilität, beschreibt, wie sich der Hund von innen erlebt. Dieser Wert gibt an, ob der Vierbeiner mental eher labil oder stabil ist. Bei Hunden spricht man in diesem Zusammenhang auch gerne von einem »sicheren« oder einem »unsicheren« Tier. Ein sicherer Hund steckt ein negatives Erlebnis oder Stress tendenziell leichter weg, ein labiler hingegen schwerer. Er kann nach einer negativen Erfahrung im schlimmsten Fall ein Trauma davontragen.
- **Extraversion**, also die Begeisterungsfähigkeit, beschreibt, wie gesellig und aktiv ein Hund im Kontakt zu anderen ist. Sie spiegelt also sozusagen sein Gruppenverhalten wider. So wie es Menschen gibt, die es genießen, auf einer Party im Mittelpunkt zu stehen, so gibt es auch Hunde, die sich gerne präsentieren und gesehen werden wollen. Andere wiederum verhalten sich lieber angepasst und unauffällig.
- **Offenheit:** Die meisten Hunde lieben feste Abläufe und Rituale. Doch auch hier gibt es natürlich Unterschiede. Die einen probieren gerne ständig etwas Neues aus und sind schnell gelangweilt, sobald sie eine Übung auch nur dreimal hintereinander machen sollen. Andere gehen am liebsten immer dieselbe Gassirunde und mögen bekannte Aufgaben und Spiele.
- **Verträglichkeit:** Hunde können sich sowohl kooperativ wie konkurrierend verhalten. Ein Hund, der gerne apportiert und dem Menschen etwas zuträgt, verhält sich kooperativ. Er ist am sozialen Miteinander interessiert. Andere Hunde sind von dem Gefühl beherrscht, Beute zu sichern und für sich zu beanspruchen. Sie verhalten sich konkurrierend und müssen erst lernen, dass Zusammenarbeit sich für sie lohnt. Ein Hund, der zu konkurrierendem Verhalten neigt, ist eher misstrauisch, der kooperative Typ ist dagegen tendenziell vertrauensvoll, auch Fremden gegenüber.

Auf der Suche nach dem Charakter des Hundes

Noch steckt unser Wissen über die Zusammenhänge zwischen Genen und Persönlichkeit in den Kinderschuhen. Doch für die meisten Forscher steht fest: Die weitere Erkundung tierischer Eigenschaften kann uns Menschen mehr darüber verraten, wie unsere große charakterliche Vielfalt entstand. Genau hierin liegt wahrscheinlich auch der größte Nutzen solcher Modelle wie dem »Big Four«, denn die praktische Anwendung für Trainer und Hundehalter wird unterschiedlich bewertet. Für Anfänger und Laien kann es durchaus hilfreich sein, sich an einem Modell zu orientieren, um einen Hund einzuschätzen. Profis brauchen so ein Gerüst eher selten. »Je mehr Erfahrung man mit etwas hat, desto besser funktioniert die Intuition«, sagt zum Beispiel Petra Führmann, Autorin und Leiterin der Hundeschule Aschaffenburg. »Ich persönlich halte mich daher nicht mehr an eine feste Struktur, wenn ich einen Hund begutachte, sondern sehe innerhalb kurzer Zeit allein aufgrund meiner jahrzehntelangen Erfahrung, welcher Charakter da vor mir steht.« Petra Führmann, die als Sachverständige für das Hundewesen auch gerichtliche Gutachten erstellt, sieht den praktischen Nutzen daher vor allem

Das Big-Five Modell

im Umgang mit Kunden. »Mir ist es wichtig, dass ich die Menschen, die ich berate, fit mache, damit sie die vielen verschiedenen Meinungen, die auf der Hundewiese und in Internet-Foren kursieren, richtig einschätzen können. Behauptungen wie »Haltis machen Hunde depressiv« oder »Der Schnauzgriff bereitet dem Hund Albträume« verunsichern den Laien, gerade wenn er zum ersten Mal einen Hund hat.« Modelle wie das »Big Four« helfen zu verstehen, dass es bei allen Methoden, Anwendungen oder Hilfsmitteln darauf ankommt, welche Hundepersönlichkeit vor einem steht. »Was für den einen passt, ist für den anderen vielleicht der falsche Weg. Der eine Hund ist bei einem lauten »Nein« schon deprimiert, der andere kann darüber nur »lachen«. Wissenschaftliche Modelle, welche die unterschiedliche Charakterstruktur der Tiere abbilden, liefern daher eine gute Argumentationsgrundlage für die Tatsache, dass der Wurm nicht dem Angler schmecken muss, sondern dem Fisch.«

Auch wenn sie sich ähnlich sehen, hat jeder Hund seinen eigenen Charakter.

EXPERTEN-INTERVIEW

Gibt es auch verschiedene Typen bei **Wolfswelpen?**

GÜNTHER BLOCH

Der ehemalige Hundetrainer hat eine einzigartige Karriere hingelegt: vom Kölner Dogwalker zum Wolfsforscher und international anerkannten Kanidenexperten. Seit über 22 Jahren beobachtet er in Kanada, wo er seit 2010 auch lebt, das Familienverhalten wild lebender Wölfe und sammelt systematisch Datenmaterial. Dabei fand Bloch unter anderem heraus, dass es bereits unter Wolfswelpen verschiedene Persönlichkeitstypen gibt, nach denen sich auch die meisten Hunde kategorisieren lassen.

Schon ab der achten oder neunten Lebenswoche lassen sich drei verschiedene Typen analysieren. Diese Art der »Drei-Klassen-Gesellschaft« besteht aus einem »Kopftypus« und einem »Seelchen«, deren Rangordnungspositionen schon recht früh feststehen, sowie einem breiten Feld an »geselligen« Typen.

SIE UNTERSCHEIDEN BEI WOLFSWELPEN DREI PERSÖNLICHKEITSTYPEN. TRIFFT DAS AUF HUNDE EBENSO ZU?

Vermutlich ja, wissenschaftlich belegen lässt sich das aber noch nicht. Denn dazu müsste man von allen Hunderassen mehrere Würfe untersuchen. Und da es annähernd 400 Rassen gibt, wäre das viel zu aufwendig. Die Wahrscheinlichkeit, dass es vergleichbare Persönlichkeitstypen bei Hunden gibt, ist aber sehr hoch.

KANN MAN DIESE TYPEN NUR BEI WELPEN ODER AUCH BEI ERWACHSENEN TIEREN ERKENNEN?

Mit geschultem Auge kann man auch erwachsene Hunde nach diesen Persönlichkeitstypen einteilen. Allerdings: Wenn die Welpen im Alter von neun oder zehn Wochen abgegeben werden, kommt der eine zu Herrn Schmitz, der andere zu Frau Müller, und der nächste wächst bei Familie Schulze auf. Jeder geht anders mit dem Hund um und bietet ihm andere Bedingungen und Sozialkontakte. Eine wissenschaftliche Untersuchung ist hier also schon allein aufgrund der fehlenden Vergleichbarkeit schwierig.

KÖNNEN SIE BESCHREIBEN, AN WAS DER HUNDEHALTER DIE PERSÖNLICHKEITSTYPEN ERKENNT?

Das Seelchen ist der ewige »Bedenkenträger«, ein extrem unterwürfiges Mitglied der Gruppe, das von anderen häufig traktiert wird. Dieser Typus hätte gerne Spielkontakt zu anderen, ist aber schüchtern. Ist das Gegenüber weder rau noch bedrängend, spielt das Seelchen gerne mit. Aufgrund seiner Unsicherheit im Verhalten und in der Körpersprache wird es jedoch von seinen Artgenossen oft gemobbt. Es traut sich wenig zu und fühlt sich schnell überfordert. Auch Menschen gegenüber ist das Seelchen extrem unterwürfig. Bei Hunden oder Menschen, die es nur schwer einschätzen kann, geht es auf Distanz.

UND WAS MACHT DEN KOPFTYP AUS?

Der Kopftyp fällt zunächst einmal dadurch auf, dass er im Gegensatz zum Seelchen eigenständig ist und sehr selbstbewusst auftritt. Die introvertierte Version dieses Persönlichkeitstyps ist eher zurückhaltend, die extrovertierte kess. Solchen Hunden sieht man bereits sehr früh an, dass sie das Talent zum Anführer haben. Sie richten sich ungern nach den Aktionen der anderen, sondern agieren selbst und geben etwas vor. Auf der Hundewiese können Sie diese Kopftypen, um die sich alles rankt, ebenso gut beobachten wie die unterwürfigen Typen, die dem Seelchen entsprechen.

FEHLT NUR NOCH DAS MITTELFELD.

Wenn man davon ausgeht, dass sich die Wolfsbeobachtungen auf Hunde übertragen lassen, stellen die geselligen Typen auch hier die Mehrheit dar. Im Unterschied zum Kopftypus und dem Seelchen haben die geselligen Typen keine feste angeborene Rangposition. Daher besteht unter ihnen sehr viel Klärungsbedarf, und deswegen »spielen« sie sehr viel. Sie treten meist im Pulk auf, schlafen gerne eng aneinandergeschmiegt, haben aber auch sehr viel zu »diskutieren«, was den sozialen Rang angeht.

GIBT ES NOCH WEITERE UNTERSCHEIDUNGEN AUSSER DEN SCHON BESCHRIEBENEN TYPEN?

Im Wesentlichen gibt es die Unterscheidung zwischen dem wagemutigen und dem scheuen Typ. Die kommt in jedem Welpenwurf grundsätzlich vor, auch bei Hunden. Es gibt den A-Typ, der sich zurückhaltend und abwartend verhält, und den B-Typ, der neugierig und draufgängerisch ist. Dieser forsche Typ geht, ohne nachzudenken, rein ins Geschehen, während der scheue Typ erst einmal Abstand hält und beobachtet. Um zu testen, zu welchem Typus ein Hund gehört, muss man ihn möglichst auf sich gestellt mit einer Situation konfrontieren, die er bisher noch nicht kennengelernt hat. Dabei sind der Fantasie keine Grenzen gesetzt. Sie können zum Beispiel ein großes Stofftier nehmen, eine Schnur daran binden und das Stofftier leicht bewegen, wenn der Hund sich nähert. Der A-Typ möchte in so einem Fall sofort hin und kontrollieren, was da vor sich geht. Der B-Typ hält lieber Abstand, beobachtet und wartet ab, was passiert. Seelchen sind übrigens immer B-Typen. Der Kopftyp und die geselligen Typen dagegen können sowohl A-Typen als auch B-Typen sein, also wagemutig oder scheu.

ZU WELCHEM TYPUS WÜRDEN SIE EINER FAMILIE MIT KINDERN RATEN?

Wie der Name schon sagt, ist der gesellige Typ für Familien meistens besser geeignet als ein Seelchen oder Kopftyp. Das Seelchen bringt ein turbulenter Familienalltag schnell aus der Fassung, und der Kopftyp findet alberne Spiele mit den Kindern unter seiner Würde. In beiden Fällen fühlt sich der Hund nicht wohl, und es kann zu Problemen kommen.

WELPENTEST

Wie finde ich den richtigen Welpen für mich?

Um für die Arbeit als Behindertenbegleithund oder Blindenhund geeignete Tiere zu finden, bedient man sich schon seit geraumer Zeit sogenannter Welpentests. Auch für Familienhunde werden solche Tests empfohlen. Prinzipiell geht es dabei darum, schon früh bestimmte Verhaltenstendenzen zu erkennen, um dann möglichst mit der Unterstützung eines erfahrenen Züchters den passenden Welpen für sich auszuwählen.

WAS SAGT DER TEST AUS?

Üblicherweise wird bei einem Welpentest geprüft, wie erkundungsfreudig und neugierig ein Welpe ist, ob er herankommt und nachläuft, wie er auf gewisse Einschränkungen (zum Beispiel Festhalten oder Hochnehmen) sowie auf optische und akustische Reize reagiert, wie spielfreudig er ist und ob er eigenständig Probleme lösen kann. Doch auch wenn ein Welpentest wertvolle Hinweise vermittelt, ist er kein Gütesiegel dafür, dass der Hund sich künftig entsprechend weiterentwickelt. Es liegt an seinem Besitzer, den Hund entsprechend seiner Erbanlagen zu formen und das Beste aus ihm zu machen.
Der folgende Test wurde von Jan de Wit, einem Bearded-Collie-Züchter unter Zugrundelegung eigener Forschungsarbeiten sowie Tests der Verhaltensforscher William Campbell, Jan Hilco Frijlink und Clarence Pfaffenberger entwickelt.
- Fragen 1–3 geben Auskunft über die Prägung des Welpens
- Fragen 4 und 5 zeigen, wie gut der Hund sozialisiert ist.

- Fragen 6 und 7 geben Aufschluss über das Erkundungsverhalten des Hundes.
- Frage 8 gibt Auskunft darüber, wie belastbar ein Hund ist und ob er in der Lage ist, selbstständig Probleme zu lösen.

BEMERKUNGEN ZUM TEST
- Spielerisches Knabbern darf nicht als aggressives Beißen ausgelegt werden; Beißen und Knurren sind jedoch aggressiv-dominant.
- Die einzelnen Teststufen sollten mindestens 30 Sekunden dauern.
- Die Hunde werden in der Regel einzeln, von einer ihnen fremden Person und in einem leeren Raum getestet.

PRÄGUNG DES WELPEN
1. Kommt der Hund zu Ihnen?
Locken Sie den Welpen zu sich. Wie reagiert er?

☐ Der Welpe kommt direkt, springt hoch, knabbert, leckt. (4)

☐ Er kommt direkt und gibt Pfote. (3)

☐ Er kommt geradewegs, scheint aber gleichgültig, gelassen. (2)

☐ Er kommt nicht direkt, sondern erkundet die Umgebung. (1)

☐ Der Welpe kommt nicht, sondern kriecht weg und starrt. (0)

176

Wie finde ich den richtigen Welpen für mich?

2. Läuft der Hund Ihnen nach?

Laufen Sie vor dem Welpen her (Lockrufe sind erlaubt). Was macht der Hund?

- ☐ Der Welpe folgt Ihnen sofort, springt, knabbert und leckt. (4)

- ☐ Er folgt Ihnen sofort und wedelt fröhlich. (3)

- ☐ Er folgt Ihnen nur zögernd, wirkt gleichgültig und gelassen. (2)

- ☐ Er folgt Ihnen nicht, sondern erkundet selbst die Umgebung. (1)

- ☐ Er folgt Ihnen nicht, kriecht weg und erstarrt. (0)

3. Lässt sich der Welpe gern streicheln?

Streicheln Sie dem sitzenden oder stehenden Welpen über Kopf und Körper. Wie reagiert er?

- ☐ Der Welpe springt auf, knabbert, leckt und spielt. (4)

- ☐ Er gibt Pfote, ist positiv aktiv. (3)

- ☐ Er übergeht Ihr Tun gleichgültig und gelassen. (2)

- ☐ Er bleibt passiv oder entzieht sich, knurrt oder beißt. (1)

- ☐ Er erstarrt. (0)

SOZIALISIERUNG DES WELPEN

4. Wie unterwürfig ist der Hund?

Halten Sie den auf dem Rücken liegenden Welpen mit einer Hand so über der Brust, dass er nicht weglaufen kann.

- ☐ Der Welpe leistet keinen Widerstand, wirkt entspannt und leckt vielleicht sogar. (4)

- ☐ Er wehrt sich etwas, wirkt aber immer noch ruhig und entspannt. (3)

- ☐ Er wehrt sich anhaltend, strampelt und wirkt angespannt. (2)

- ☐ Er wehrt sich anhaltend, knurrt und versucht zu beißen. (1)

- ☐ Er erstarrt und klemmt seine Rute zwischen die Beine. (0)

5. Lässt sich der Hund hochheben?

Wie reagiert der Welpe, wenn Sie ihn mit beiden Händen unter dem Bauch etwas hochheben?

- ☐ Er leistet keinen Widerstand, wirkt entspannt und leckt vielleicht sogar. (4)

- ☐ Er wehrt sich etwas, wirkt aber ruhig und entspannt. (3)

- ☐ Er wehrt sich anhaltend, strampelt und wirkt angespannt. (2)

- ☐ Er wehrt sich anhaltend, knurrt und versucht zu beißen. (1)

- ☐ Er erstarrt. (0)

WELPENTEST

ERKUNDUNGSVERHALTEN

6. Wie reagiert der Welpe auf optische Reize?
Verteilen Sie ein paar Gegenstände um den Welpen, die er nicht kennt. Was macht der Hund?

☐ Er ist an jedem Gegenstand interessiert, geht drauf zu und untersucht alles. (4)

☐ Er wirkt interessiert, beäugt aber alles erst mal mit Distanz und beschäftigt sich vorsichtig damit. (3)

☐ Er findet das Auslegen der Gegenstände interessant, geht aber nicht selbstständig auf die Dinge zu, sondern folgt Ihnen. (2)

☐ Er ist nicht an den Gegenständen interessiert und beobachtet Sie. (1)

☐ Er sucht Schutz, während Sie die Gegenstände platzieren. (0)

7. Wie reagiert der Welpe auf akustische Reize?
Wie reagiert der Hund, wenn er einen lauten Knall hört, zum Beispiel weil Sie ein Buch auf den Boden werfen?

☐ Er erschreckt nicht oder fast nicht, nimmt den Gegenstand und läuft weg oder zu Ihnen. (4)

☐ Er erschreckt und läuft weg, kommt aber bald zurück und beginnt, den Gegenstand zu untersuchen. (3)

☐ Er erschreckt, läuft weg und kommt nur zögernd zurück. (2)

☐ Er erschreckt, läuft weg und lässt sich nicht zurücklocken. (1)

☐ Er erstarrt zunächst, flüchtet dann und zittert (0)

BELASTBARKEIT UND INTELLIGENZ

8. Wie löst der Welpe Probleme?
Setzen Sie den Hund hinter eine Absperrung. Findet er den Ausgang?

☐ Der Welpe findet den Ausgang schnell und selbstständig. (4)

☐ Er findet den Ausgang, wenn Sie ihn locken, und kommt zurück. (3)

☐ Er erforscht die Absperrung und sucht nach dem Ausgang. (2)

☐ Er steigt an der Absperrung hoch, fiept oder bellt. (1)

☐ Er rührt sich nicht und lässt sich auch nicht heranlocken. (0)

Auswertung

Um den Welpen zu beurteilen, müssen Sie die Kategorien getrennt voneinander bewerten. Was trifft auf den Hund zu?

KATEGORIE »PRÄGUNG UND SOZIALISIERUNG« (FRAGEN 1–3 UND 4–5)

Überwiegend 4: Der Welpe ist gut geprägt beziehungsweise sozialisiert. Er ist begeistert und unterwürfig.
Überwiegend 3: Ein geprägter und recht gut sozialisierter Welpe, der bei etwas Nachdruck Unterwürfigkeit zeigt.

178

Überwiegend 2: Der Hund ist nur mäßig geprägt beziehungsweise sozialisiert. Er reagiert ziemlich gleichgültig und hat wenig Kontakt. Wenn ihm die richtige Erziehung fehlt, kann er dominant werden.
Überwiegend 1: Der Welpe ist dominant beziehungsweise schlecht sozialisiert und will immer selbst die Regeln bestimmen.
Überwiegend 0: Der Welpe ist ängstlich und wahrscheinlich nicht auf Menschen geprägt beziehungsweise nur schlecht sozialisiert.

KATEGORIE »ERKUNDUNGSVERHALTEN« (FRAGEN 6 UND 7)

Frage 6: Geht der Hund unbefangen und neugierig auf fremde Dinge zu, ist das ebenso weder gut noch schlecht, wie wenn er sich eher vorsichtig und abwartend verhält. Beides beschreibt nur seine Herangehensweise – ähnlich wie die Einteilung in A- und B-Typen, die Günther Bloch auf Seite 174 vornimmt. Ein Welpe, der stark verunsichert ist und Schutz sucht, ist wahrscheinlich bislang weitgehend isoliert aufgewachsen und zählt tendenziell zum vorsichtigen Typus.
Frage 7: Hunde, die auf akustische Geräusche extrem scheckhaft reagieren (0 und 1), brauchen ein ruhiges Zuhause und besonders stabile Menschen. Haben Sie 4 oder 3 angekreuzt, eignet sich der Hund sehr gut als Familienhund, bei 2 fühlt er sich eher in einem kinderlosen, ruhigen Haushalt wohl.

KATEGORIE »BELASTBARKEIT UND INTELLIGENZ« (FRAGE 8)

Ein Familienhund sollte zwar belastbar sein, jedoch ist die Fähigkeit, eigenständig Probleme zu lösen, nicht unbedingt wünschenswert. Denn ebenso kreativ, wie der Hund bei Arbeitsaufträgen nach Lösungen sucht, sucht er im Alltag nach Wegen, den Mülleimer zu plündern oder das Loch im Zaun zu vergrößern. Ein mittlerer Wert (1– 3) ist daher für einen Familienhund in Ordnung. Haben Sie 0 angekreuzt, ist der Hund zu wenig belastbar für einen turbulenten Familienalltag.

IHR GESAMTEINDRUCK

Um sich ein abschließendes Urteil bilden zu können, sollten Sie die Ergebnisse der Auswertung möglichst objektiv gegeneinander abwägen. Ganz wichtig: Verwechseln Sie nicht Unterwürfigkeit und Ängstlichkeit. Es ist ganz normal, dass der Hund sich einer überlegenen Person gegenüber unterwürfig verhält. Ein dominanter Welpe mag vielleicht imponieren. Aber wollen Sie so einen Hund wirklich zu sich nehmen? Nur wenn Sie genug Zeit und Erfahrung mitbringen und bei der Erziehung sehr konsequent bleiben, wird aus einem dominanten Welpen ein angenehmer Familienhund. Vor allem Familien mit kleinen Kindern sind mit einem Welpen der Kategorie 4 oder 3 auf der sichereren Seite.

Welcher Hund letztendlich tatsächlich der passende ist, hängt immer von den eigenen Lebensumständen ab. Daher fragen Züchter Interessenten auch so viele Löcher in den Bauch. Nur so finden sie heraus, zu welchem Menschen ihr schüchterner, ihr frecher oder der dominanteste Welpe passt. Und noch etwas: Ein Welpentest ist immer nur eine Momentaufnahme und kein in Stein gemeißeltes Urteil. Er bewahrt jedoch davor, rein emotional zu entscheiden und sich spontan auf den niedlichsten oder frechsten Racker festzulegen.

HUNDE UND KINDER

Amerikaner nennen es »Nature Deficit Disorder«, die Naturmangelstörung, und sehen einen Zusammenhang zwischen der Zunahme von Entwicklungsstörungen bei Kindern und der Schnelligkeit, mit der die Wildnis in unserer digitalen Welt aus der kindlichen Psyche schwindet. Immer mehr Wissenschaftler fordern daher: Gebt jedem Kind seinen Hund!

Hunde machen gesund, schlau und glücklich

Doch Kinder und Hunde die unbeaufsichtigt miteinander draußen spielen – das sieht man heute viel kritischer als früher. Im Gegensatz zu früheren Generationen wachsen Kinder nicht mehr selbstverständlich mit Tieren auf und können sich den Umgang mit ihnen nicht mehr einfach von anderen abschauen. Trotzdem kann ein Hund auch heute noch der Spielgefährte eines Kindes sein. Das heißt aber nicht, dass beide auf Anhieb miteinander umgehen können. Sie müssen es lernen wie alles andere auch. Trotz aller Naturentfremdung und Veränderungen im Lebensstil: Kinder, die mit Tieren aufwachsen dürfen, sind eindeutig im Vorteil. Sie verfügen über mehr soziale Kompetenz und ein besseres Immunsystem. Wissenschaftler haben herausgefunden, dass Kinder mit Hund psychisch stabiler sind als ihre hundelosen Altersgenossen, dass sie ein besseres Sozialverhalten haben und intensivere Freundschaften pflegen. Sie sind selbstständiger, verantwortungs- und

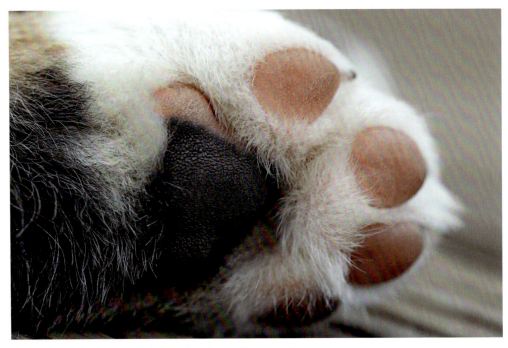

Kinder und Hunde können ein unschlagbares Team werden.

pflichtbewusster. Genug Gründe, sich diese hochsozialen Geschöpfe ins Haus und sogar ins Kinderzimmer zu holen.

Was Eltern bedenken sollten

Es gibt sechs goldene Regeln, an die sich alle Eltern halten sollten, wenn sie einen Hund in die Familie aufnehmen möchten.

- **Es gibt keinen »Kinderhund«:** Einen kinderfreundlichen Hund kann man sich nicht kaufen. Jeder Hund muss Kinderfreundlichkeit erst lernen, unabhängig davon, was in diversen Rassebeschreibungen zu lesen ist. Am besten ist, wenn der Welpe bereits beim Züchter mit Kindern unterschiedlichen Alters positive Erfahrungen machen darf. Doch auch danach sollten Kinder dem Hund stets freundlich begegnen, ihn nicht ärgern oder ihm gar wehtun. Gegenseitiger Respekt ist die beste Grundlage für eine lange und feste Freundschaft.
- **Auszeiten sind wichtig:** Der Hund benötigt vom ersten Tag an einen Rückzugsort, an dem er nicht gestört werden darf. Dieser Platz ist für die Kinder tabu. Hat ihr Kind Schwierigkeiten, dies zu akzeptieren, können sie verdeutlichen, wie sich der Hund fühlt, indem sie selbst unaufgefordert im Zimmer ihres Kindes herumlaufen und es bewusst beim Spielen, Malen oder Hausaufgabenmachen stören. Auf diese Weise wird es schnell begreifen, dass jeder ein Recht auf Ruhe hat.
- **Eltern sorgen für Sicherheit:** Hunde sehen Kinder nicht als ranghöher an. Besonders Babys und Kleinkinder lösen bei Hunden sehr unterschiedliche Reaktionen aus. Während manche in die Rolle des Beschützers schlüpfen, reagieren andere nervös und sind verunsichert. Selbst wenn ein Kind einem Hund körperlich gewachsen ist, zum Beispiel einem Chihuahua, ist es ihm noch lange nicht von seiner Reife her ebenbürtig. Hunde merken sehr genau, ab wann ein Mensch in der Lage ist, Verantwortung zu übernehmen und vorausschauend zu denken. Vorher nehmen sie ihn als Führungspersönlichkeit einfach nicht ernst.
- **Sie sind der Boss:** Kinder und Hunde dürfen sich nicht gegenseitig disziplinieren. Deshalb müssen Sie jeden Versuch des Hundes, das Kind anzuknurren oder gar zu schnappen, sofort und deutlich verbieten. Kinder lernen vom ersten Tag an, dass sie zwar laut-

Welpen brauchen viel Schlaf, um all die vielen Erlebnisse zu verarbeiten.

stark um Hilfe rufen dürfen, falls der Hund etwas Verbotenes macht, sollten ihn aber nie selbst daran hindern. Erfahrungsgemäß ist es sinnvoll, Kindern für kleinere Hunde frühestens ab zehn Jahren, für größere ab zwölf einen Teil der Verantwortung zu übertragen. Das ist allerdings ein Prozess und kann nicht von heute auf morgen geschehen. Der Hund muss lernen, dass das Kind zum Entscheidungsträger aufgestiegen ist, und das Kind muss sich entsprechend verhalten. Gleichzeitig sollten Sie als Erwachsener dafür sorgen, dass Ihr Kind nicht über das Ziel hinausschießt und zum Beispiel zwanzig Mal hintereinander »Platz« fordert. Dieses Einführen in die Hundeerziehung kann übrigens eine Erfahrung sein, die Eltern und Kinder stark zusammenschweißt.

- **Gegenseitiges Verständis fördern:**
Auch Kinder müssen lernen, ihren Hund zu verstehen. Was bedeutet es, wenn er mit dem Schwanz wedelt? Ist er dann automatisch freundlich gestimmt? Wie soll ich mich verhalten, wenn er knurrt? Geben Sie Ihr Wissen und Ihre Erfahrungen an Ihr Kind weiter und lernen Sie gemeinsam die Körpersprache Ihres Hundes möglichst gut kennen. Denn zwischen Kind und Hund kann es leicht zu Missverständnissen kommen. Das liegt hauptsächlich an der unterschiedlichen körpersprachlichen Ausdrucksweise von Mensch und Tier. Ein Kind, das sich erschreckt oder Angst hat, bleibt bei einer Begegnung mit dem Vierbeiner steif stehen und starrt den Hund an, um abzuschätzen, wie der sich verhält. Hunde deuten

Hunde schenken uns Wärme, Loyalität und Lebensfreude.

diese Geste völlig anders. In ihrer Welt heißt »sich versteifen« und »anstarren«, dass in absehbarer Zeit ein Angriff erfolgen wird. Als Reaktion darauf beginnen viele Hunde zu bellen, stellen ihr Fell auf und imponieren mit aufgerissenem Maul – was wiederum die Angst des Kindes verschlimmert. Daher ist es wichtig, Kindern das Hundeverhalten zu erklären, um ihr Verständnis zu wecken.

- **Ressourcen müssen beachtet werden:** Vielen Hunden sind Spielsachen oder Kauknochen sehr wichtig. Daher ist hier Vorsicht die Mutter der Porzellankiste. Wenn der Vierbeiner frisst oder sich mit Kauknochen beschäftigt, gilt: Bitte keine Störungen! Leben Kleinkinder im Haushalt, sollten Sie unbedingt auf absichernde Maßnahmen achten und beide nicht ohne Aufsicht lassen. Empfehlenswert für einen Haushalt mit Kleinkindern sind Kennels oder Hundeboxen, die das Kind nicht allein öffnen kann. Ein ausrangierter Kinderlaufstall oder Reisebett kann als Ruheplatz für den Hund ebenfalls gute Dienste tun.

Und was sagt das Gesetz?

Auf die Frage, ab wann ein Kind von Rechts wegen alleine mit dem Hund spazieren gehen darf, genügt ein Blick ins Bürgerliche Gesetzbuch, und zwar auf die Seiten, wo es um Risiko und Haftung geht. Bis zur Vollendung des siebten Lebensjahrs haften Kinder nicht für Schäden, die sie anrichten; allenfalls die Eltern können bei Verletzung ihrer Aufsichtspflicht haftbar gemacht werden. Zwischen dem siebten und 18. Lebensjahr kommt es darauf an, ob der Minderjährige reif genug ist, seine Verantwortlichkeit zu erkennen. Allgemein geht man davon aus, dass dies ab 14 Jahren der Fall ist. Daher gilt die Empfehlung, dass Kinder bis 14 Jahre immer von einem Elternteil begleitet sein sollten, wenn sie mit dem Hund nach draußen gehen. Aber auch 14- bis 18-Jährige sollten niemals ohne Zustimmung der Eltern mit dem Hund in die Öffentlichkeit gehen, selbst wenn sie es von Gesetz wegen dürften. Abgesehen von der Altersfrage müssen Hunde außerhalb des eigenen Grundstücks von einer Person geführt werden, die ausreichend auf das Tier einwirkt. Ein Kind darf daher laut Gesetzgeber nur dann mit einem Hund auf die Straße, wenn es ihn im Notfall auch festhalten kann, und zwar in jeder Situation. Dasselbe gilt übrigens auch für einen Erwachsenen.

Hunde sind Fremde in unserer modernen Menschenwelt. Sie brauchen Zeit, sie zu verstehen.

WAS HUNDEELTERN WISSEN MÜSSEN

Hunde wollen Sicherheit. Mehr als alles andere möchten sie wissen, wo sie hingehören. Und: Sie wollen bei allem mit dabei sein – als gleichwertiges Familienmitglied. Sicherheit durch erkennbare Strukturen und das Gefühl dazuzugehören sind für das seelische Gleichgewicht des Hundes wichtiger als jedes Zubehör oder eine tolle Spielgruppe.

In Ruhe ankommen

Der Welpe, der bei Ihnen ein neues Zuhause finden soll, kommt aus einem sehr behüteten sozialen Gefüge. Jeden Tag seines bisherigen Lebens hat er in enger körperlicher Nähe zu seiner Mutter und zu seinen Geschwistern verbracht. Die Trennung von ihnen ist der erste Bruch, der verarbeitet werden muss. Doch viele Menschen, die einen Welpen kaufen, tun dies zum ersten Mal. Sie sind selbst unsicher und wissen nicht so recht, welche Bedürfnisse der Kleine hat. Um dem Neuankömmling trotz aller Aufregung vor allem Sicherheit zu geben, sollte er möglichst ohne großen Aufwand in die Familie integriert werden. Je selbstverständlicher und unaufgeregter das geschieht, desto sicherer und geborgener fühlt sich der Hund. Der Einzug sollte daher ohne viel Aufhebens passieren. Mit Worten können wir ihm nicht erklären, dass er willkommen ist. Hunde nehmen Stimmungen auf und orientieren sich an dem, was sie empfinden. Eine entspannte, ruhige Atmosphäre bei der Ankunft und während der ersten Tage im neuen Heim gibt ihnen die nötige Sicherheit.

Hunde brauchen einen festen Platz

Beim idealen Ort der Ruhe kommt es für Hunde weniger auf den Plüschfaktor an als auf die richtige Platzierung von Korb, Decke oder Box. Schlecht sind alle zentralen Punkte wie der Eingangsbereich oder mitten im Wohnzimmer. Zum einen laufen dort alle vorbei, was ungemütlich ist. Zum anderen wächst Bello schnell in die Rolle des Aufpassers hinein, wenn er ständig Türen oder die Treppe im Blick hat. Besser ist eine etwas abseits gelegene Stelle, die wenig Kontrollmöglichkeit bietet, von wo aus er die anderen »Rudelmitglieder« aber noch sehen oder hören kann. So fühlt sich der Hund nicht ausgeschlossen, kann aber zur Ruhe kommen.

Hunde brauchen Pausen

Eine praktische Hilfe für den Alltag mit einem jungen Hund ist eine verschließbare Box. Durch gezielte Auszeiten lernt er, sich im turbulenten Familienalltag zu entspannen. Damit keine Missverständnisse entstehen: Die Box ist kein Käfig zum »Wegsperren«, sondern ein angenehmer Ort zum Entspannen und Zur-Ruhe-Kommen. Damit der Hund das richtig verknüpft, können Sie ihn anfangs in der Box füttern oder ihm dort einen Kauknochen geben. Während er frisst, setzen Sie sich vor die geöffnete Tür, lesen ein Buch und beachten ihn nicht weiter. Wichtig ist: Nicht der Vierbeiner bestimmt, wie lange sein Aufenthalt in der »Höhle« dauert, sondern Sie. Sobald der Hund sich in der Box entspannt hinlegt, können Sie die Tür für ein paar Minuten schließen. Mit jedem Mal bleibt sie dann ein wenig länger zu.

Was Hundeeltern wissen müssen

So unterschiedlich sie auch sind: Alle Hunde, egal ob groß oder klein, jung oder alt, brauchen Zuneigung, Bewegung, Beschäftigung und Disziplin.

VON MENSCHEN UND HUNDEN

Hunde haben keine Hände

Wollen wir Menschen einen Gegenstand genau erkunden, nehmen wir ihn in die Hand und befühlen und betrachten ihn von allen Seiten. Hunde strecken ihre Nase vor und riechen daran. Wenn sie noch jung sind, nehmen sie Dinge auch gerne ins Maul und kauen darauf herum. Das birgt natürlich ein gewisses Risiko in sich. Denn Perserteppiche, Seidenkissen, kantige Kleinteile und Elektrokabel sehen für Hunde weder wertvoll noch gefährlich aus. Auch der Lieblingsteddy Ihrer Tochter ist für den Hund ein super Spielzeug, das sich prima »ausweiden« lässt.

Je weniger Dinge also in der ersten Zeit herumliegen, die Ihnen lieb und teuer sind oder die Gesundheit des Hundes gefährden könnten, desto besser. Und wenn doch einmal die teuren Schuhe daran glauben mussten? Auf keinen Fall strafen, sondern dem Hund lieber gesündere Alternativen wie Ochsenziemer oder Schweineohren anbieten.

Hunde brauchen andere Hunde

Geben Sie Ihrem Zögling ruhig ein paar Tage Zeit, sich einzugewöhnen. Er sollte erst mit der neuen Umgebung vertraut werden und Sie als seinen »Fels in der Brandung« kennengelernt haben, bevor er sich in der Welpengruppe mit Artgenossen austauschen kann. Woran man eine gut geführte Welpengruppe erkennt, ist ein Thema, über das sich selbst Fachleute streiten. Eins ist jedoch klar: Lassen Sie keinesfalls zu, dass Ihr Schützling überrannt, bedrängt, gemobbt wird oder ebensolches mit anderen Hunden tut. Im Prinzip gelten die gleichen Regeln wie auf dem Spielplatz: So, wie Sie Ihrem

Schon Rilke sagte: »Es gibt nichts Glücklicheres, als die Arbeit.«

Dass es schwer ist, ohne Freunde durchs Leben zu kommen, wissen nicht nur Menschen.

Sohn oder Ihrer Tochter helfen würden, wenn ein anderes Kind ihm oder ihr Sand in die Augen wirft, so helfen Sie auch Ihrem Hund. Und gleichzeitig sorgen Sie dafür, dass Ihr Vierbeiner sich ebenfalls ordentlich aufführt. Sollten Sie also vom Trainer den Satz hören: »Das machen die schon unter sich aus«, dann suchen Sie besser eine neue Gruppe. Jede Mutter weiß: Auch auf dem Spielplatz herrschen Regeln.

Hunde brauchen entspannte Menschen

Viel wichtiger als das, was Sie mit dem Hund tun, ist, wie Sie es tun. Natürlich soll der Welpe mit vielen Alltagssituationen vertraut werden: einkaufen, andere Hunde treffen, mit dem Bus oder mit der U-Bahn fahren. Damit solche Erfahrungen positiv verknüpft werden, ist die entspannte Stimmung des Besitzers dabei wichtiger als Leberwurst und Leckerchen. Wer zu sehr damit beschäftigt ist, nur ja nichts falsch zu machen, wirkt nervös und verkrampft. Das überträgt sich auf den Hund. Denn wenn wir gestresst sind, verändert sich unser Geruch. Das nehmen wir zwar selbst nicht wahr, dem Hund aber entgeht es nicht. Mit seinem enormen Geruchssinn nimmt er unsere Stimmungslage sehr genau auf und reagiert seinerseits entsprechend angespannt und nervös.

Machen Sie sich keine Sorgen: Eine stabile, von Zuneigung, Neugier und Austausch geprägte Beziehung verträgt sehr gut den einen oder anderen Erziehungsfehler. Viel wichtiger ist es, dem Hund Wir-Gefühl zu vermitteln. Und eines ist in jedem Fall gut zu wissen: Hunde lieben uns so, wie wir sind, trotz all unserer Irrtümer und Fehler. Hunde sind so.

REGISTER

Sachregister

A

Afghane 22
Alaskan Malamute 22
Altdeutscher Schäferhund 19
Apportierhunde 21
Appenzeller Sennehund 31, 114
Arbeitshunde 24–27
Arbeitslinie 34–35
A-Typ 175
Australian Shepherd 18, 19, 25,
27, 104–105, **104–105**

B

Basset Hound 11, 21, **36**, 96, **96**
Bayerischer Gebirgsschweißhund
20, 21, **39**, 90, **90**
Beagle **6–7**, 18, 21, 94–95,
94–95
Bearded Collie 31, 110–111,
110–111
Begleithund 22, 25, 33
Behindertenbegleithunde 26–27,
176
Berger de Brie 141, **141**
Berner Sennenhund 18,
156–157, **156–157**
Bernhardiner 158, **158**
Bichon 22
Bichon Frisé 52, **53**
Bichon-Rassen 52, 64
Big Four 171–173
Big-Five-Modell 170–171
Border Collie **13**, 18, 19, 20, 24,
25, 106–107, **106–107**, **108**,
108–109
Boston Terrier 22, 60, **60–61**
Boxer 22, 31 144, **145**
brachycephaler Schädel 34
Briard 18, 31, 141, **141**
B-Typ 175

C

Cairn Terrier 70–71, **70–71**
Cattle Dog 20
Cavalier King Charles Spaniel **17**,
66, **67**
Chihuahua **5**, 44–45, **44–45**, **46**,
46–47
Chow Chow **5**, 11, 140, **140**
Cocker Spaniel 21, 86–87,
86–87, **88**, 88–89
Collie 31, 102–103, **102–103**
Corgi 20

D

Dackel **23**, **35**, 62–63, **62–63**
Dalmatiner **11**, **14**, 31, 130–132,
130–131, **183**
Designerdogs 118
Deutsch Drahthaar 25, 33, **185**
Deutsche Dogge 164–165,
164–165
Deutscher Boxer 22, 31, 144,
145
Deutscher Schäferhund 24, 31,
126–127, **126–127**
Deutscher Spitz 22, 82–83,
82–83
Diensthundrassen 22
Dobermann 22, **124–125**, 132,
133
Downface 34

E

Energielevel 37–38
Englischer Cocker Spaniel 21,
86–87, **86–87**, **173**
English Setter 116–117, **185**
Entlebucher Sennenhund **18**, 20,
114–115, **114–115**
Extraversion 170–172

F

Familienhund 8, 22, 24, 25, 26,
27, 35, 38, 176
Fellpflege 38–39
Foxterrier 11, 20, 31, 73, **73**
Französische Bulldogge **23**, **29**,
58–59, **58–59**
Führung 14
Führungspersönlichkeit 17

G

Geselliger Typ 174–175
Gesellschaftshunde 22
Golden Retriever **10**, 18, **19**, 21,
35, 122–123, **122–123**
Goldendoodle 118, **119**
Grenzen 15, 17
Greyhound 22
Grunderziehung 20

H

Hakenrute 33
Herdenschutzhunde 19
Hofhunde 22
Hovawart 22, 136, **137**, **138**,
138–139,
Hundebox 183, 184
Hundehalter 11
Hundehaltertyp 28–29
Hundetypen 18–23
Hütehunde 19
Hütetrieb 18, 36, 39

I/J

Individualdistanz 18
Irish Setter 116–117, **116–117**
Irish Terrier 20
Jack Russel 20, 24, 74–75, **74**,
76–77, **76**, **185**
Jagdhunde 33
Jagdtrieb 22, 36, 39

Sachregister

K

Kangal 19
Kennel 183
Kinder 15, 18, 19, 21, 22, 28, 175, 180–183
Kinderfreundlichkeit 181
Kleiner Münsterländer 21, 91, **91**
Kommunikation 15
Kontinentaler Zwergspaniel 42
Kooikerhondje 84–85, **84–85**
Kopftypus 174–175
Körpersprache 15, 16, 25, 182
Kromfohrländer 22, 92–93, **92–93**
Kurzhaardackel **62**
Kuvasz 19, 160, **160**

L

Labrador Retriever **4**, **15**, 18, 21, **30**, 31, **38**, **80–81**, 120–121, **120–121**
Landseer 22
Laufbedürfnis 22
Laufhunde 21
Leistungsbereitschaft 19
Leonberger 22, 161, **161**

M/N

Magyar Viszla **4**, 21, 31, 134–135, **134–135**
Malteser 31, 64, **64**
Mensch-Hund-Beziehung 11, 14, 28, 29, 30
Mischlinge 32–35
Mops **12**, **21**, 31, 54–55, **54–55**, **56**, 56–57, **187**
Münsterländer 21, 91, **91**
Neufundländer 22, 162, **163**
Neurotizismus 170–172
Nordische Hunde 22

O/P

Offenheit 170–172
Ohrenform 34
Owtscharka 19
Papillon 42–43, **42–43**
Parson Jack Russel 74–75, **75**
Pekinese 50, **50**
Phalène 42
Podenco **38**, 97, **97**, **98**, 98–99
Pointer Setter 21
Probleme 11
Pudel 21, 31, 112–113, **112–113**, **168**

R

Rangfolge 181
Rauhaardackel **23**, **35**, **63**
Regeln 15
Reizbeantwortungsmuster 32
Ressourcen 183
Rhodesian Ridgeback 146, **147**
Riesenschnauzer 22, 142–143, **142–143**
Rottweiler 154, **155**
Ruheplatz 183, 184
Rute 34

S

Saluki 22
Samojede 159, **159**
Schädelform 34
Schäferhund 31, 126–127, **126–127**, **128**, 128–129
Schnauzer 22, 31, 142
Schutztrieb 22
Schweißhunde 21
Seelchen 174–175
Selbstreflexion 11–12, 17, 28, 30, 170
Shelti 102
Shi Tzu 51, **51**
Shiba Inu 22, **28**, 78–79, **78–79**

Showlinie 34-35
Siberian Husky 22, 152–153, **152–153**
Sicherheit 184
Sichtjäger 22
Spitz 22, 82–83, **82–83**
Stöberhunde 21
Stockhaar 31
Symbole (Erklärung) 36–39

T/U

Therapiehunde 26–27
Tibet Terrier 22, **23**, 31, 68–69, **68–69**
Tierheimhund 18
Treibhunde 20
Unterwolle 31

V/W/Y/Z

Verhaltensauffälligkeiten 15
Verträglichkeit 170–172
Vorstehhunde 21
Wachhunde 22
Wachtrieb 36, 37, 39
Weimaraner 33, 148–149, **148–149**, **150**, 150–151
Welpengruppe 186
Welpentest 176–179
Welpenwahl 18, 25
West Highland White Terrier 65, **65**
Whippet **23**, 100–101, **100–101**, **186**
Windhunde 22
Wolfskralle 34
Wolfswelpen 174-175
Yorkshire Terrier 33, **40–41**, 48–49, **48–49**
Zwergpinscher 72, **72**

Halbfett gesetzte Seitenzahlen verweisen auf Abbildungen.

SERVICE

Bücher und Adressen, die weiterhelfen

Bücher

Beck, Elisabeth: **Wer denken will, muss fühlen:** Mit Herz und Verstand zu einem besseren Umgang mit Hunden. Kynos

Bloch, Günther/Dettling, Peter A.: **Auge in Auge mit dem Wolf: 20 Jahre unterwegs mit frei lebenden Wölfen.** Franckh-Kosmos Verlag

Bloch, Günther/Radinger, Elli H.: **Wölfisch für Hundehalter: Von Alpha, Dominanz und anderen populären Irrtümern.** Franckh-Kosmos Verlag

Feddersen-Petersen, Dorit U.: **Hundepsychologie: Sozialverhalten und Wesen.** Emotionen und Individualität. Franckh-Kosmos Verlag

Gansloßer, Udo/Krivy, Petra: **Verhaltensbiologie für Hundehalter:** Das Praxisbuch. Franckh-Kosmos Verlag

Horowitz, Alexandra: **Was denkt der Hund? Wie er die Welt wahrnimmt – und uns.** Spektrum Akademischer Verlag

Krüger, Anne: **Besser kommunizieren mit dem Hund.** Gräfe und Unzer Verlag

Mack Anja/Wolf, Kirsten: **Dog-Coaching.** Gräfe und Unzer Verlag

Wechsung, Silke: **Die Psychologie der Mensch-Hund-Beziehung: Dreamteam oder purer Egoismus?** Cadmos

Zeitschriften

Dogs. Gruner + Jahr, Hamburg, www.dogs.de

Partner Hund. Gong Verlag, Ismaning, www.partner-hund.de

Adressen

Verband für das Deutsche Hundewesen e. V. (VDH)
Westfalendamm 174,
44141 Dortmund,
www.vdh.de
Service-Portal des VDH für die Suche nach dem passenden Welpen: www.hier-ist-mein-welpe.de

Österreichischer Kynologenverband (ÖKV)
Siegfried-Marcus-Str. 7,
A-2362 Biedermannsdorf,
www.oekv.at

Schweizerische Kynologische Gesellschaft (SKG)
Brunnmattstr. 24,
CH-3007 Bern
www.skg.ch

Hunde-Farm Eifel
Von-Goltstein-Str. 1
53902 Bad Münstereifel-Mahlberg
www.hundefarm-eifel.de

Verein für Verhaltensforschung bei Tieren
Dr. Immanuel Birmelin
Rotackerstr. 28
79104 Freiburg
www.tierverhaltensforschung-birmelin.de

Dank

Autorin und Verlag bedanken sich bei Frau Dietlind Titt, von deren Website www.of-black-tits-nest.de wir Teile des Welpentests verwenden durften. Unser Dank gilt außerdem Lisa Nitzsche, DOGS Bildredaktion, Hamburg.

Die werden Sie auch lieben.

www.gu.de: Blättern Sie in unseren Büchern, entdecken Sie wertvolle Hintergrundinformationen sowie unsere Neuerscheinungen.

Willkommen im Leben.

Die Autorin

Astrid Nestler M.A., studierte Kommunikationswissenschaft, Politik und Amerikanistik und arbeitete mehrere Jahre als Produktionsassistentin bei »DENKmal Film« in München. Sie ist heute als freie Journalistin tätig, Schwerpunkt ihrer Arbeit ist das Thema Mensch-Hund-Beziehung. Seit 2008 bildet sie außerdem zusammen mit Armin und Tanja Schweda Menschen und Hunde im HundeHandwerk® aus. Mit Ihrer Dalmatinerhündin Esrah legte sie zweimal die Rettungshundeprüfung in der Sparte »Fläche« ab. Zurzeit lebt sie zusammen mit ihrer Familie und Pudel Sammy in der Nähe von München.

Projektleitung: Heidrun Patzak, Regina Denk
Redaktionelle Mitarbeit: Anne-Kathrin Wahler
Lektorat: Sylvie Hinderberger
Bildredaktion: Silke Bodenberger, Petra Ender (Cover)
Umschlaggestaltung und Layout: independent Medien Design, Horst Moser, München
Herstellung: Petra Roth
Satz: Lydia Geißler
Repro: Repromayer, Reutlingen
Druck: Firmengruppe APPL, aprinta druck, Wemding
Bindung: Firmengruppe APPL, m.appl GmbH, Wemding

Bildnachweis

Alamy: 160; Alamy/Imagebroker: 116; Alexandra Grimmler: 88; Astrid Nestler: 192; Christiane Amann–Bobe: 56; Christine Enderle: 98; Claudia Verstel-Harrer: 128; Corbis: 13; Corbis/Doable: 04–1; DancingShiba: 28; Daniela von Brocke: 108; Debra Bardowicks: 04–2, 05, 27, 30, 31, 48, 54, 58–59, 60, 72, 73, 92, 130, 161, 166–167, U4; DOGS/Debra Bardowicks: 85, 158; DOGS/Heiner Orth: 06–07, 10, 11, 14, 19, 21, 63, 86, 95, 112, 113, 123, 131, 136–137, 143, 157, 168, 173, 180, 181, 183; Elke Vogelsang: 16; Gaby Gerster: 174; Getty Images: 12, 37;
Getty Images/BloomImage (RF): 79;
Getty Images/Dorling Kindersley: 140, 159;
Getty Images/Imagebroker (RF): 68;
Getty Images/Katrina Wittkamp: 152;
Getty Images/Mixa: 78;
Getty Images/Sharon Montrose: U1;
Getty Images/Stock4B Creative: 163;
Gila Fichtelmeier: 32, 35;
Hans Peter Schwarzenbach: 24;
Heidi Herzog: 76; Heike Döhler: 138;
Kathrin Ullrich: 150;
Konstantin Eulenburg: 02–03, 08, 15, 23–1, 23–2, 23–3, 23–4, 29, 38, 45, 53, 75, 87, 94, 101, 104, 113, 121, 134, 156, 170–171, 185–1, 185–2, 185–3, 185–4;
Markus Zeiler: 91;
Oliver Giel: 17, 18, 20, 36, 39, 55, 80–81, 90, 96, 100, 120, 141, 142, 182, 186;
Picture Press/Ardea/John Daniels: 82–83;
Sandra Hempell: 46;
Scruffy Dog: 66–67, 119, 127, 147;
Super Stock: 50, 51, 62, 64, 65, 71, 102, 106, 110, 126, 148, 155, 163, 187;
Tierfotoagentur/A. Mirsberger: 105, 114, 117, 124–125, 149;
Tierfotoagentur/Alexa P.: 49, 122, 133;
Tierfotoagentur/C. Röber: 44;
Tierfotoagentur/D. Geithner: 135, 165;
Tierfotoagentur/I. Pitsch: 84;
Tierfotoagentur/J. Hutfluss: 103;
Tierfotoagentur/K. Lührs: 74;
Tierfotoagentur/M. Rohlf: 93, 115;
Tierfotoagentur/M. Wegner: 153;
Tierfotoagentur/N. Noack: 164;
Tierfotoagentur/S. Starick: 107;
Tierfotoagentur/T. Musch: 70;
Tierfotoagentur/D. Jakob: 61, 69, 97;
Tierfotoagentur/Y. Janetzek: 40–41, 145;
Tierfotoagentur/Ramona Richter: 42, 43;

ISBN: 978-3-8338-2923-9
1. Auflage 2012

 www.facebook.com/gu-verlag

Ein Unternehmen der
GANSKE VERLAGSGRUPPE

Unsere Garantie

Alle Informationen in diesem Ratgeber sind sorgfältig und gewissenhaft geprüft. Sollte dennoch einmal ein Fehler enthalten sein, schicken Sie uns das Buch mit dem entsprechenden Hinweis an unseren Leserservice zurück. Wir tauschen Ihnen den GU-Ratgeber gegen einen anderen zum gleichen oder ähnlichen Thema um.

Liebe Leserin und lieber Leser,

wir freuen uns, dass Sie sich für ein GU-Buch entschieden haben. Mit Ihrem Kauf setzen Sie auf die Qualität, Kompetenz und Aktualität unserer Ratgeber. Dafür sagen wir Danke! Wir wollen als führender Ratgeberverlag noch besser werden. Daher ist uns Ihre Meinung wichtig. Bitte senden Sie uns Ihre Anregungen, Ihre Kritik oder Ihr Lob zu unseren Büchern. Haben Sie Fragen oder benötigen Sie weiteren Rat zum Thema? Wir freuen uns auf Ihre Nachricht!

Wir sind für Sie da!
Montag–Donnerstag:
8.00–18.00 Uhr;
Freitag: 8.00–16.00 Uhr
Tel.: 0180-5 00 50 54*   *(0,14 €/Min. aus dem dt. Festnetz/
Fax: 0180-5 01 20 54*   Mobilfunkpreise maximal 0,42 €/Min.)
E-Mail:
leserservice@graefe-und-unzer.de

P.S.: Wollen Sie noch mehr Aktuelles von GU wissen, dann abonnieren Sie doch unseren kostenlosen GU-Online-Newsletter und/oder unsere kostenlosen Kundenmagazine.

GRÄFE UND UNZER VERLAG
Leserservice
Postfach 86 03 13
81630 München*